China und seine Küche

中國食物

COLLECTION
ROLF HEYNE

China und seine Küche

Eine photographische Reise von Reinhart Wolf

中國食物

Mit Texten von Lionel Tiger
Rezepte von Eileen Yin-Fei Lo

Wilhelm Heyne Verlag
München

Die Fotos in diesem Band wurden zum Teil mit einer Sinar-Großbildkamera 20,5 × 25,5 aufgenommen, zum Teil mit einer Hasselblad-6 × 6-Spiegelreflexkamera und mit einer Nikon 35 mm. Die Bilder wurden mit Ektachrome-Tageslichtfilm fotografiert, die meisten mit *available light* — dem normal zur Verfügung stehenden Tageslicht. Einige Stilleben wurden mit elektronischem Blitzlicht aufgenommen.

Titel der amerikanischen Originalausgabe: CHINA'S FOOD
Ins Deutsche übertragen von
Werner Peterich und Wolfgang Glaser

Die Originalausgabe erschien
im Verlag Friendly Press, Inc., New York City, New York 10016,
United States of America

Satz: Schaber, Wels
Printed in Italy, 1986, by Arnoldo Mondadori Editore, Verona
Gestaltung: Lazin & Katalan
Umschlaggestaltung: Atelier Ingrid Schütz, München

ISBN 3-453-36012-5

Danksagung

Zum Gelingen dieses Werkes haben viele mit Rat und Tat beigetragen. Großen Dank schulden wir allen Mitarbeitern des *China International Travel Service,* die unsere Reise bis ins kleinste Detail mit viel Einsatzbereitschaft und Fingerspitzengefühl organisiert haben. Wie vorzüglich wir betreut wurden, kann man schon daran sehen, daß auf dieser drei Monate langen Reise nicht auch nur das Geringste verloren gegangen oder zu Schaden gekommen ist, obwohl täglich bis zu einem halben Dutzend Leute und Dutzende von Koffern mit wertvollem und zerbrechlichem Inhalt von Ort zu Ort befördert wurden.

Wir danken unserem chinesischen Assistenten Paul Lau, Doris Knop für Dolmetschen, Organisieren und Tagebuchführen, und Gisela Lübbe-Zimmermann für das wunderbare Styling der Gerichte für die Rezeptfotos.

Besonders herzlich bedanken wir uns bei dem professionellen Team des amerikanischen Verlages Friendly Press, mit dem wir hervorragend zusammengearbeitet haben. Ihre Umsicht und Tatkraft waren für uns im fernen China ebenso beruhigend wie ihr ansteckender Optimismus beim Zusammensein in New York. Das gilt vor allem für Liv Reed und Maggie Groening. Last but not least: Dank an Peggy Flaum, Marty Goldstein und Stuart Waldman, die die Idee zu diesem Buch hatten und das Projekt mit Kreativität und bewundernswerter Energie vorangetrieben haben.

R. W.
L. T.

Vorwort

Vielleicht sind einige Anmerkungen zu den beiden Haupt-Beteiligten am Zustandekommen des vorliegenden Buches angebracht. Reinhart Wolf ist ein weltweit angesehener Fotograf von Menschen, Landschaften, Dingen, Gebäuden und Essen. Seine Arbeiten wurden auf Ausstellungen in Europa, Nordamerika und Asien gezeigt. Sein Buch *New York* wird weltweit bewundert wegen seiner aufregenden Fotos von den Türmen der Wolkenkratzer. Diese Fotos offenbaren aus neuer Sicht die Kraft und die Schönheit von Dingen, die einem gewöhnlich verborgen bleiben. Er hat in Deutschland einen Band *Burgen in Spanien* und Fotos in mehreren Kochbüchern veröffentlicht. Seine aufregenden *Food*-Fotos im *Stern* haben stilbildend auf viele Fotografen gewirkt.

Ich selbst interessiere mich als Anthropologe seit langem für die biologischen Grundlagen menschlichen Verhaltens und dafür, wie sich die Evolution der Gattung Mensch auf die Gestaltung unserer zeitgenössischen Gesellschaftsformen auswirkt: wie ein vier oder fünf Millionen Jahre alter, hochintelligenter Primat sich in einem sehr jungen — gerade eben zweihundert Jahre alten — industriellen System einrichtet und lebt. Soweit die Anthropologie die Wissenschaft von Kultur und Zivilisation des Menschen ist, ist es ganz in Ordnung, daß sie sich auch damit befaßt, wie die Menschen sich amüsieren, welche Spiele sie spielen und welchen Stellenwert diese Dinge in ihrem Leben einnehmen. Und obwohl es beim Essen in erster Linie selbstverständlich ums Überleben geht, legen die meisten Menschen größten Wert darauf, Essen als etwas Lustvolles zu empfinden. Dieses Phänomen fasziniert mich. Und da Eßgewohnheiten und die Vorliebe für bestimmte Gerichte sich ja sehr nachhaltig auf die Gesundheit auswirken, interessiere ich mich auch dafür, wie man in den verschiedenen Gesellschaftsformen kulinarische Vorlieben, die sich im Laufe unserer Entwicklungsgeschichte herausgebildet haben, mit dem uns heute zur Verfügung stehenden Nahrungsmittelangebot in Einklang zu bringen versucht. Es gab zum Beispiel auf der ganzen Welt praktisch keinen reinen Zucker, bis man mit dem Anbau von Zuckerrohr begann. Nun liebt aber die Gattung Mensch ganz allgemein Süßes und ist naschhaft — was uns vermutlich dazu gebracht hat, das an Obst und Gemüse zu essen, was wir für unsere Ernährung brauchen. Um unser Verlangen nach Süßem zu stillen, aßen wir viel Äpfel und Möhren. Noch bis zur Renaissance war Zucker ein großer Luxus. Und als wir dann lernten, Zucker aus Zuckerrohr herzustellen, war das Verlangen danach so stark und hemmungslos, daß es weitgehend für die lange Aufrechterhaltung der schrecklichen Sklaverei mitverantwortlich war. Nun muß ich allerdings gestehen, daß es Zeiten in meinem Leben gegeben hat, in denen ich, was das Essen betraf, regelrecht besessen war — ich gehörte zu jenen krankhaften Leuten, die bereit sind, in Frankreich fünfzig Kilometer über Land zu fahren, bloß um zum Beispiel ein besonders zubereitetes Kaninchengericht zu genießen. Auch Reinhart Wolf liebt gutes Essen und ist selbst ein guter Koch.

Zu den Sternstunden meines eigenen Lebens zähle ich den Tag, an dem mich der *Good Food Guide* in London aufforderte, für seinen Jahresbericht als »geheimer« Restaurant-Tester tätig zu sein; zu meinem Leidwesen mußte ich England verlassen, kurz nachdem diese geheime Ehrung mir zuteil wurde, und so konnte ich mich kaum als heimlicher Tyrann der Restaurant-Kritik aufführen, was mich sehr gereizt hätte.

Reinhart Wolf und ich haben schon früher zusammengearbeitet: zuerst bei einem Artikel für *GEO* über die bemerkenswerten ästhetischen und rituellen Seiten des japanischen Essens und die Auswirkungen dieser Ernährungsweise auf die Japaner. Dabei stellten wir fest, daß wir erfreulich gut zusammenarbeiten konnten — und zwar gleich vom ersten Moment unserer Begegnung an im *Okura Hotel* in Tokio. Diese Arbeit wurde von den *Art Directors Clubs* in Amerika und auch in Deutschland mit einer Goldmedaille ausgezeichnet. Bei unserer nächsten gemeinsamen Arbeit — abermals für *GEO* — ging es um das Olivenöl in Ligurien und um die Menschen und die Landschaft dieser norditalienischen Provinz. Ich brauche wohl nicht zu betonen, wie schön es für mich war, mit einem so tatkräftigen, amüsanten und begabten Künstler zusammenzuarbeiten und dazu noch über ein Thema, das gedanklich ebensoviel Vergnügen bereitete wie geschmacklich. Angenehmer kann man sich berufliche Zusammenarbeit kaum vorstellen.

Für Liebhaber der chinesischen Küche und Kultur ist es wohl nicht erstaunlich, daß es Menschen gibt, deren Bildung und Können der Ergiebigkeit des Themas in nichts nachstehen. Im Rahmen des Konzepts dieses Buches konnten wir nicht alles mit der Detailgenauigkeit und Liebe darstellen, wie es vielleicht wünschenswert gewesen wäre. Wer sich genauer unterrichten möchte, als es allein schon dem Umfang nach hier möglich war, befasse sich mit den Büchern, die wir besonders ergiebig fanden. An erster Stelle und als am wichtigsten von allen sei genannt *Food in Chinese Culture: Anthropological and Historical Perspectives,* hrsg. von K. C. Chang, Yale University Press, 1977; sodann die kürzlich erschienene Studie von Elizabeth Kroll: *The Family Rice Bowl,* veröffentlicht vom United Nations Research Institute for Social Development, 1983. Ein mit besonders viel Liebe geschriebenes und informatives Kochbuch stammt von Barbara Tropp: *Modern Art of Chinese Cooking,* William Morrow, 1982. Außerdem empfiehlt sich Kenneth Lo: *Regional Chinese Cookbook,* Larousse, New York, 1981.

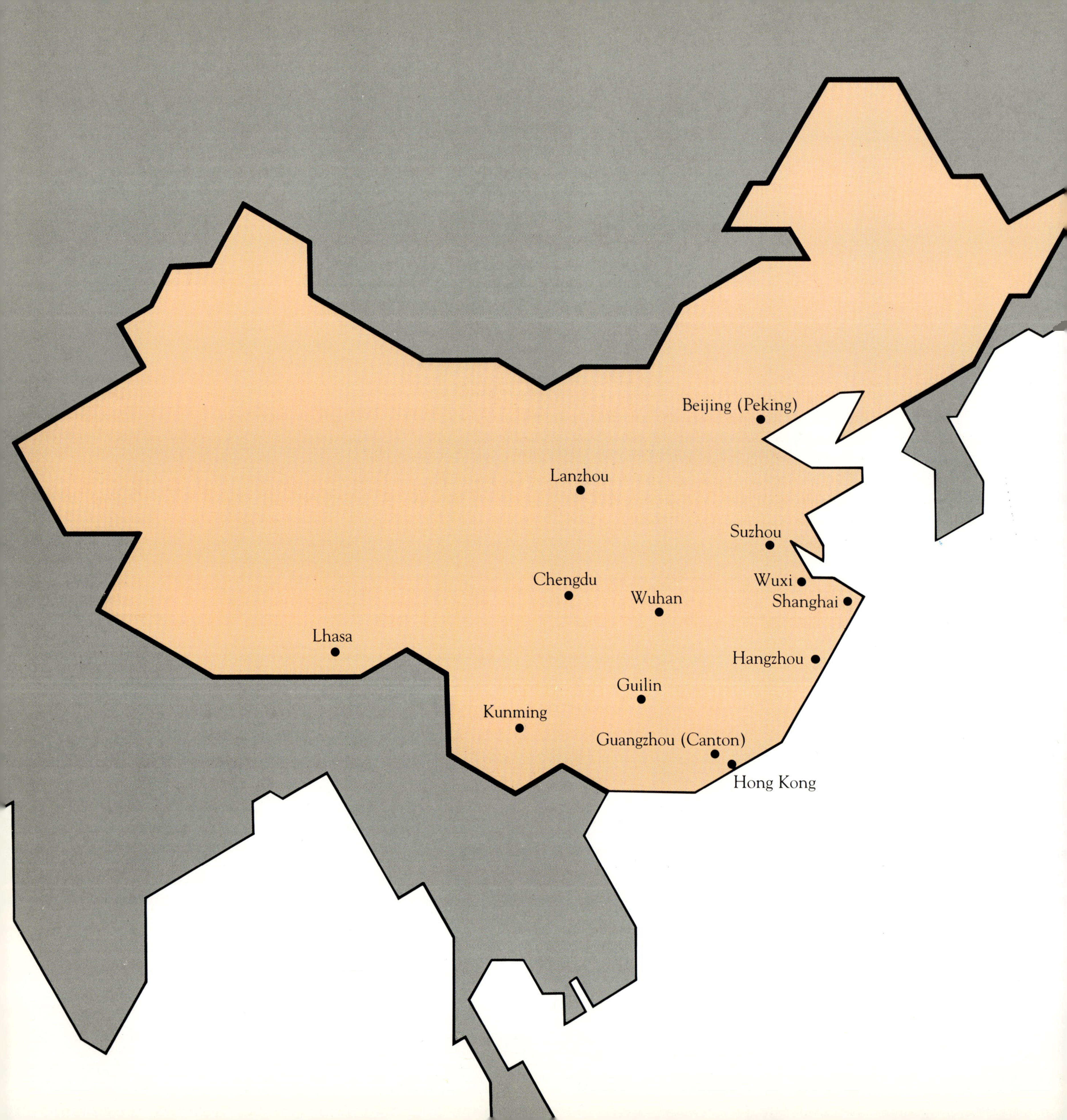
Beijing (Peking)
Lanzhou
Suzhou
Chengdu
Wuxi
Wuhan
Shanghai
Lhasa
Hangzhou
Guilin
Kunming
Guangzhou (Canton)
Hong Kong

Inhalt

中國食物

Chinesisches Essen

中國食物

Das tollste Frühstück der Welt! Das herrlichste Mittagessen der Welt! Das großartigste Abendessen der Welt! All das zubereitet mit der Farbe, dem Schwung, der Vielfalt, dem Pfiff, der Knusprigkeit und dem Wohlgeschmack, die chinesisches Essen so beliebt und fast auch so vertraut gemacht haben wie den Gemischtwarenladen an der Ecke. Die chinesische Küche hat sich ihren hervorragenden Ruf weder mit Hilfe durchschlagender Werbekampagnen à la McDonald's, Cadbury, General Foods oder Nestlé erworben, noch mit einer besonderen gastronomischen Strategie. Und die Chinesen haben auch nie jene kulinarische Hegemonie beansprucht, mit der die Franzosen ihre zweifellos sublime Küche als allein seligmachende propagieren. Die chinesische Küche hat sich vielmehr weitgehend aufgrund der Privatinitiative einzelner durchgesetzt, die sich einfach entschlossen, einen Laden zu eröffnen und fertiggekochtes Essen darin zu verkaufen — und der Laden läuft und läuft. Die Menschen mögen einfach chinesisches Essen. Viele sind geradezu besessen davon; für das neueröffnete chinesische Restaurant können sie sich genauso begeistern, wie für ihre Geliebte oder ihre umwerfend komischen Kinder.

Ein Viertel der Menschheit, über eine Milliarde Menschen, ißt überhaupt nichts anderes als chinesisches Essen — *ihr* Essen. Weitere Millionen verzehren genug davon, daß man von einer erstaunlichen Faszination reden kann.

Jeder möchte das beste, das typischste, das ausgefallenste und abwechslungsreichste Gericht. Wo ist es zu haben? Wie komme ich daran? Gibt es das auch wirklich bei meinem *Chinesen*? Werde ich von kompromißbereiten Köchen betrogen, die mir statt echter chinesischer Speisen etwas vorsetzen, das ihrer Meinung nach Ausländer, das heißt Nicht-Chinesen ganz annehmbar finden werden? Bekomme ich eine

blasse Imitation vorgesetzt — gleichsam Dvořák gespielt auf dem kratzigen Koffer-Plattenspieler eines Halbwüchsigen? Oder gibt es so viele chinesische Restaurants auf der Welt, weil so viel *gutes* chinesisches Essen serviert wird? Warum nicht zur Quelle gehen, zum Ursprung, wo alles letztlich herkommt? Das heißt, ins Land der Geheimnisse und der Seide, das Land jahrhundertelanger aufreizender Isolation, wo glanzvoll die Vergangenheit beschworen wird und diktatorisch Ansprüche an die politische Gegenwart gestellt werden. Ein Land, wo man das Wesen des Sozialismus erkundet und gleichzeitig den Verlokkungen der Privatwirtschaft nachgibt. Ein Land, das einerseits, was den gesellschaftlichen Umgang anbelangt, von rigorosem Empirismus geprägt ist, andererseits sich versonnen-poetisch darstellt. Ebenso arm wie vielversprechend, stolz auf die dramatische Entwicklung, die in ihm stattfindet, zwiespältig in bezug auf die eigene Vergangenheit und unerschütterlich, was die Zukunft anbelangt. Ein Land verwirrender Eindrücke und Bilder: Ein Land der überbevölkerten Wohnbezirke und der Prachtstraßen Shanghais, der schneidenden Bergwinde Tibets, tausendjähriger Pagoden und politischer Plakate vom Vorjahr. Ein Land terrassierter Berghänge mit endlosen Reihen von Teesträuchern darauf, unter Wasser hochsprießender Reisstengel — und immer wieder dramatischer, befremdender, geheimnisvoller Geschehnisse. Und jetzt ein Land zum Hinfliegen und dort Verweilen — ein Land, in dem mehr und mehr Städte als »offen« gelten, was darauf schließen läßt, daß es da keine militärischen Geheimnisse gibt, statt dessen aber für Besucher aus anderen Kulturen endlich geeignete Unterkünfte — daß es für Ausländer dort nicht mehr nötig ist, vorbestimmten Pfaden zu folgen. Es wird auch immer leichter, als Einzel-Tourist zum Billigtarif durchs Land zu reisen. So kommt es, daß es in schikken Hotels abgelegener Städte von Rucksackreisenden und Pilgern mit Glücksbeuteln wimmelt, die verlegen an die Bar kommen — denn sie sind keine Gäste des Hotels —, um eine Luft zu schnuppern und eine Umgebung zu genießen, die sie hinter sich gelassen haben. Und es gibt (wenn auch nicht viele) Privatreisende auf der Suche nach dem Sinn des Lebens, die mit entschlossenen, leuchtenden Augen und ihrem Anfänger-Chinesisch tagelang auf den nächsten freien Platz in einer Maschine nach Lhasa warten, dem tibetischen »Göttersitz« in den Bergen.
Dieses Land hat wahrhaftig etwas Märchenhaftes, insbesondere die bedeutenderen alten Bauwerke, die die Kulturrevolution überdauert haben und den Besucher gleichzeitig in ihren Bann schlagen und elektrisieren. Der Sommer-Palast in Beijing (Peking) ist genauso prickelnd und belebend wie Champagner — und ein nicht minder großer Genuß. Sein Alter, seine fünfhundert Jahre sind ihm nicht anzumerken. Es ist weder seine Größe, die den nachhaltigsten Eindruck macht, wie bei der Westminster-Abtei oder Sankt Peter, noch eine monumentale Schlichtheit wie die von Stonehenge. Es ist vielmehr die überwältigende Fülle und Vielfalt von Einzelheiten, die kunstvoll gearbeiteten Simse, Malereien, Schnitzereien, die nuancenreiche Farbgebung — und schließlich die ausgeklügelte Verschlungenheit der Ornamente. Der Palast und seine Gärten, der See mit dem herrlichen Anlegesteg und den Pavillons bieten weit mehr Menschen Platz, als sich die Kaiserfamilie je hat träumen lassen. Dabei wurde das Ganze unter Mühen erbaut von den Vorfahren jener, die gleich mir heute einen Samstagnachmittag hier verbringen, wo alles, was das Auge erblickt, einen bezaubert.
Es gibt auch Verbindendes zwischen Volk und Palast,

und das zeigt sich ebenso in der einfachen Garküche wie an der Festtafel im Bankettsaal. Die legendäre hohe Kunst der chinesischen Küche hat etwas Königliches und Üppiges, ist die Geschichte eines Festes und Festmahls, erzählt in Folgen verschiedenfarbener Speisen unterschiedlicher Geschmacksrichtungen, Zusammenstellungen und *Bedeutungen.* Diese Küche bekommt ein Chinese sicher nur selten zu kosten, sie bildet aber gleichsam den Maßstab, an dem alles, was man ißt, gemessen wird. Das Volk ernährt sich hauptsächlich vom Grundnahrungsmittel Reis; was viele Ausländer als Wesen der chinesischen Küche betrachten, ist für die Menschen in China ein begehrtes Aroma, ein Hochgenuß, mehr oder weniger nur eine *Ahnung* vom »Eigentlichen«. Es ist das, was Reis und Nudeln Geschmack verleiht und die Notwendigkeit, seinen Hunger zu stillen, symbolisch verschönt.
In zwei der bedeutenderen Hotels von Beijing sowie in den von I. M. Pei entworfenen Hotels *Duftende Hügel,* unweit des Sommer-Palastes anmutig in die Parklandschaft hineingesetzt, lesen sich die Speisekarten in der Übersetzung *fast* genauso wie überall sonst auf der Welt: »Heiße Vorspeisen, Kalte Vorspeisen, Meeresfrüchte, Fisch, Geflügel, Schweinefleisch, Rindfleisch, Gemüse, Suppen ...«
Doch dann steht da noch *Essen,* wobei letzteres sich auf Nudeln, Reis, Brötchen und Brot bezieht, die auf Reis und Getreide basierenden Grundnahrungsmittel der chinesischen Küche. Grundnahrungsmittel von derartiger Bedeutung, daß bei einem Hochzeitsbankett oder einem anderen Fest Reis und Nudeln erst zum Schluß serviert werden, nachdem man alles andere aufgefahren hat, gleichsam um noch einmal zu betonen, welch einen Luxus das Mahl darstellt. Die Sprache spiegelt hier die Realität; denn das chinesische Wort für »Reis« — *fan* — bedeutet auch »Essen« und »Mahlzeit« schlechthin. Man stelle sich vor, das Wort für »Essen« im Deutschen lautete *Kartoffeln* oder im Englischen *bread.* Es ist nicht weiter ungewöhnlich, daß eine Gesellschaft aufgrund der Kultur seiner Könige und Herzoginnen bekannt wird — Hütten mögen atmosphärisch reizvoll sein, aber Schlösser beleben den Tourismus. Nicht anders ist es mit dem Essen. Daß die chinesische Küche so beliebt, gut und dabei preiswert ist, beruht natürlich auch darauf, daß es in vielen Ländern so viele chinesische Einwanderer gibt.
Ein chinesisches Restaurant zu betreiben, ist eine arbeitskraft-intensive Angelegenheit, doch gibt es offensichtlich stets Nachschub an verhältnismäßig billigen Arbeitskräften — eine — wenn auch peinliche — ökonomische Realität. (Als Vergleich ziehe man nur das Verhältnis zwischen der Einwanderungsquote aus Japan und den vergleichsweise hohen Preisen für Essen in japanischen Restaurants in Nordamerika und Europa zu Rate.) Dennoch ist es wohl keine Frage, daß das weltweite Interesse des Restaurantbesuchers an der chinesischen Küche nicht nur, ja noch nicht einmal zur Hauptsache, auf der Preiswürdigkeit beruht, sondern auf dem besonderen Geschmack und der Vielfalt der angebotenen Speisen.
In China begegnet der Reisende einer neuen, unbekannten Variante des sozialen Gefälles zwischen Gast und Koch. Der *China International Travel Service* — jene tüchtige Organisation, die sich um alle ausländischen Reisenden kümmert — bemüht sich zu gewährleisten, daß Touristen möglichst nur mit den besten und hygienischsten Einrichtungen in Berührung kommen. Das bedeutet für den China-Reisenden Zutritt zu einer Welt großer Privilegien — jedenfalls verglichen damit, wie die Masse des chinesischen Volkes lebt.
In gewisser Weise sieht sich der Tourist *nolens volens* in die Rolle eines Aristokraten gedrängt, und zwar von einer Gemeinschaft, die sich der Idee der Gleichheit ebenso begeistert verschrieben hat, wie sie Reis und Feuerwerk liebt. Der Reisende bekommt das beste an chinesischer Küche vorgesetzt, was es gibt, während Studenten und Arbeiter Schalen voller Reis verschlingen, der mit einer salzigen, entfernt nach Schweinefleisch

schmeckenden Tunke übergossen wird. So wird noch der bescheidenste und wohlwollendste Besucher einerseits mit Privilegien ausgestattet, andererseits aber auch ausgebeutet; privilegiert ist er insofern, als er sich unter Menschen bewegt, von denen die meisten höchstens über ein Jahreseinkommen von vielleicht vierhundert Dollar verfügen — was einen Touristen schon das Hotelzimmer für eine Woche kosten kann —, und ausgebeutet insofern, als Ausländer für Inlandflüge etwa das Doppelte zahlen müssen wie Chinesen und für Essen noch weit mehr, jedenfalls wenn sie im voraus bestellen und besonders gut speisen möchten. Gewiß, es besteht ein gewaltiger Unterschied im Hinblick auf Qualität, Quantität und Erlesenheit dessen, was gereicht wird; ich hatte jedoch auch den Eindruck, daß Chinesen, wenn sie einmal groß essen gehen, für ihre Begriffe ungefähr genauso viel bezahlen wie Ausländer. Und was die verflixte Sache mit dem doppelten Preis für das Flugticket angeht, so muß man sagen, daß man reichlich dadurch entschädigt wird, daß die Chinesen sich standhaft weigern, Trinkgelder anzunehmen. Man macht sich kaum klar, wie lästig — ja, quälend — die Gepflogenheit des Trinkgeld-Gebens ist, bis sie sich einmal erübrigt. Die ärgerlichen Überlegungen — Wieviel? Ist das genug? Warum noch extra bezahlen, wo es überhaupt nicht verdient ist? Übertreibe ich jetzt, und mache ich mich deshalb lächerlich? — sind in China überflüssig. Welch eine Wohltat!

Die chinesische Küche — worum es eigentlich geht

Die hohe Kunst der chinesischen Küche, die der China-Reisende bei einem Galadiner oder auch bei einem sorgfältig zusammengestellten Mittagessen genießt, stellt selbstverständlich nicht die einzige Form chinesischen Essens dar, schon gar nicht aber die des chinesischen Alltagslebens. Wie in jeder anderen Gesellschaft gibt es auch in China zu verschiedenen Zeiten und Anlässen und an verschiedenen Orten mal mehr und mal weniger üppige Speisen — erlesene und einfache, teure und billige, und solche, die nur einmal im Jahr zu einer besonderen Gelegenheit zubereitet werden.
Es gibt auch hochentwickelte Theorien und geradezu religiöse Glaubensvorstellungen, was Sinn und Zweck des Essens anbelangt. Wie also an die nahezu unerschöpfliche Vielfalt von Gerichten, Stilen, Formen, Geschmacksrichtungen und Farben herangehen, die alle zusammen die chinesische Küche ausmachen?

Eine auf der Hand liegende — und die vielleicht gängigste — Art und Weise besteht darin, das, was man ißt und sieht, nach Religionen zu unterteilen, nach den großen und weiträumig gefaßten Stilen der chinesischen Küche wie: die nord-chinesische Küche (Beijing), die süd-chinesische (Kanton), die ost-chinesische (Shanghai) und die west-chinesische (Hunan und Sichuan). Das ist die Unterteilung, die selbst in den besten Kochbüchern vorgenommen wird, und auch die allgemeinen Reiseführer für China scheinen sie sinnvoll zu finden. Doch sowohl auf den Besucher mit beschränkter Zeit als auch auf den Reisenden, der mehr Muße mitbringt, wirkt diese Einteilung viel zu willkürlich, trägt sie doch den Übergängen zwischen den einzelnen Landesteilen, den Ähnlichkeiten unter ihnen und dem Gefühl, daß sie *eine* große Familie bilden, keine Rechnung.

Schließlich ist Essen eine Art Sprache, und wenn es eine gut funktionierende Verständigungsmöglichkeit unter den Chinesen gibt, so ist es das Essen. Sprachlich sind die Dialektunterschiede so groß, daß jemand aus Shanghai einen Chinesen aus Sichuan vielleicht genauso wenig versteht wie dieser einen Landsmann aus Harbin. So gibt es zwar, was Essen angeht, regional unterschiedliche Vorlieben und Grundstoffe, dennoch gibt es eine Art Nahrungs-Wörterbuch — eine Reihe von gastronomischen Bausteinen oder Elementen, die immer wieder auftauchen, in verschiedenen Formen vielleicht und verschieden zubereitet, einmal mit diesem Gewürz und ein andermal mit jenen Kräutern, hier gesotten und dort gebraten.

Das Umfeld der Kochkunst

Wenn man sich ein Thema vornimmt, das so weit und so allgemein gefaßt ist wie »chinesische Küche« und dabei auch noch so viel Spaß macht, besteht immer die Gefahr, daß man sich wie ein oberflächlicher Partybesucher verhält, ein Gast, der seinem Gastgeber nur blindes Lob zollt. Wir hoffen, hier ein gewisses Maß an Objektivität walten zu lassen. Eine so riesige Gemeinschaft zu feiern, das heißt fast, das menschliche Leben schlechthin zu feiern. Dabei müssen wir in unserem Falle auch die endlosen täglichen Schwierigkeiten bedenken, die es mit sich bringt, diese gewaltigen Menschenmassen zu ernähren und zu gewährleisten, daß alle Menschen in China Tag für Tag satt werden.

Eine weitere Tatsache ist, daß die Ernährungsweise der Chinesen ganz im Einklang steht mit der chinesischen Lebensweise. Das

sollte man nie außer Acht lassen, denn das gemeinsame Essen am Tisch erzwingt und spiegelt gleichermaßen eine innige Bindung an die Gesellschaftsgruppe, ganz im Gegensatz etwa zu den beliebig austauschbaren, raffiniert angerichteten

Speisen, wie sie in einem Pariser Lokal Einzelgästen serviert werden. Das heißt, man ist eher auf eine gerechte Verteilung in der Gruppe bedacht, als daß man nur an die Befriedigung der eigenen Vorlieben denkt. Deshalb sollte ein Gast bei einem chinesischen Festmahl nie jemand anders wissen lassen, welche Gerichte er besonders gern mag oder nicht. Nicht daß die Chinesen nicht mit Lust äßen — ganz im Gegenteil. Aber der persönliche Appetit hat sich dem Anspruch der Gruppe unterzuordnen. Dieses Verhalten ist sicher mit das Ergebnis der unglaublichen Bevölkerungsdichte in China. Man wird in China buchstäblich nie niemanden sehen. Ständig strömen Menschen an einem vorüber, zu Fuß, auf dem Fahrrad, in Autobussen, immer und überall. In einem beliebten Restaurant verlangt die Etikette, daß ein Tisch auch dann voll besetzt zu sein hat, wenn die Gäste einander gar nicht kennen — im Gegensatz zu den Gepflogenheiten in Europa und Amerika. Und in einem voll besetzten chinesischen Restaurant gibt es kein geduldiges Schlangestehen: Man geht umher, nimmt das ganze Haus in Augenschein, schätzt ab, wer bald fertig ist, um dann in der Nähe zu warten. In China besagt der Ausdruck für »sich amüsieren« auch »laut sein«, weshalb man sich um den Lärm in Restaurants keine Gedanken zu machen scheint. Man hat vielmehr den Eindruck, daß man eher dazu neigt, den Geräuschpegel hoch zu halten, statt für eine leise und gedämpfte Atmosphäre zu sorgen. Verliebtes Flirten ist hier kaum möglich. Und die Beleuchtung! Es herrscht eine Helligkeit, als gälte es eine Gehirnoperation durchzuführen. Ein Licht, das die natürlichen Farben des Essens und der Gäste entstellt, eine kühle, geradezu eisig-fluoreszierende Beleuchtung, die es irgendwie fertigbringt, hell und düster zugleich zu sein.

Noch etwas zu Dekor und Eleganz beziehungsweise zu deren Nicht-Vorhandensein. Man muß sich immer vergegenwärtigen, daß es 1949 in China eine Revolution gegeben hat, die von den Chinesen selbst bezeichnenderweise »Befreiung« genannt wird. Als ich einmal aus Versehen das Wort *Revolution* für diese *Befreiung* gebrauchte, nahm man selbstverständlich an, daß ich die heute so viel geschmähte Kulturrevolution Mao Zedongs und der Viererbande meinte — die zur haßerfüllten und willkürlichen Verfolgung aller Menschen ausartete, von denen angenommen wurde, sie repräsentierten die bourgeoise Kultur der Vergangenheit oder hätten zumindest von ihr profitiert. Von vielen Auswüchsen der Kulturrevolution abgesehen, spiegelt sich auch heute noch die Demontage des tief-verankerten hierarchischen Gesellschaftsaufbaus des alten China nicht nur in den gesellschaftlichen Aktivitäten, sondern auch in den auferlegten Beschränkungen, was die Sinnengenüsse anbelangt. Die wirtschaftliche Not und die gesellschaftlich verordnete Askese der Mao-Zeit gingen Hand in Hand mit einer Verachtung für den eleganten Firlefanz einer hochgestochenen Kultur und einer entschiedenen Ablehnung jeglicher entwürdigender Dienstleistungen — der Rikscha zum Beispiel, bei der ein Mensch in einer menschengezogenen Karre fuhr. Als Folge davon fehlt es auch in den Restaurants an Luxus und Eleganz, selbst in Restaurants, die sich einer guten Küche rühmen und relativ teuer sind. Geradezu unbeschreiblich waren die ruppige, lieblose und schroffe Bedienung und das abscheuliche Essen in dem bekanntesten und größten Peking-Enten-Restaurant Beijings. (Ganz im Gegensatz dazu war die Ente im Park Hotel von Shanghai herrlich knusprig und köstlich, dazu auch noch liebevoll serviert.) Gewiß, es gibt überall gut und schlecht geführte Restaurants und Betriebe, doch in China ist dies ein besonderes Problem, weil alle Unternehmen Staatseigentum sind und bis vor kurzem kaum ein Anreiz bestand, sich besonders aufmerksam um das Wohlergehen der Gäste zu kümmern. Infolgedessen gab es auch in der berühmten Gastronomie Chinas viel durch Flüchtigkeit und Gleichgültigkeit verursachte Mittelmäßigkeit. Hinzu kommt noch, daß in China auch zu qualifizierten Arbeiten ungelernte Kräfte abkommandiert werden. In der Gastronomie sind aber Liebe und Neigung eine Grundvoraussetzung.

Linientreue Partei-Obere genossen aller verordneten Mäßigung zum Trotz jedoch wohl immer ihr vorzügliches Essen von ihren eigenen Küchenchefs. Nach einem üppigen Bankett im Shanghaier Gästehaus hatten wir das Gefühl, daß ein hoher Posten in der Partei nicht mit einem kargen Leben verbunden sein muß. Der Manager dieses Gästehauses, in dem auch Mao gewohnt hatte, erzählte: »Sein Zimmer sah nach zwei Tagen wie eine Buchhandlung aus.«
Heute jedoch vollziehen sich tiefgreifende Veränderungen, wobei Privatunternehmer wieder wirtschaftlich unabhängig und mit Gewinn arbeiten dürfen, so daß gute Arbeit und gute Bedienung jetzt auch unmittelbar mit größerem Verdienst belohnt werden. Vielleicht machen sich die veränderten politischen Einstellungen auf höchster Ebene der chinesischen Gesellschaft am offensichtlichsten auf dem Nahrungsmittelsektor bemerkbar, schon allein deshalb, weil man die Auswirkungen Tag für Tag dreimal am eigenen Leib zu spüren bekommt. Es fiel mir ausgesprochen schwer, mir vorzustellen, wie die chinesischen Städte ausgesehen haben mögen, ehe die Straßen den sogenannten freien Märkten für kleine Händler geöffnet wurden, von denen es jetzt in jeder Innenstadt wimmelt. Wie langweilig und unattraktiv muß es gewesen sein, in einem Ambiente einzukaufen, das so nüchtern war wie bei einer Behörde. Kein Spaß, überhaupt kein Spaß. Heute jedoch gibt es auf den Straßen chinesischer Städte eine Fülle von Dingen, die man ansehen, berühren, probieren und kaufen kann. Es wird faszinierend sein zu beobachten, wie ein solcher Wettbewerb sich auf ein zunehmend anspruchsvolleres Publikum mit mehr Yuan in der Tasche auswirken wird. Da Kühlung und andere Formen der Konservierung (mit Ausnahme des Einlegens in Essig) selten waren, legen die Chinesen besonderen Wert auf Frische der Waren. Die Märkte sind ein Tohuwabohu, von unglücklichen, verschreckten und eingesperrten Tieren, die schreien, quaken und mit Wasser spritzen und wohl bald im Kochtopf enden. Da sieht man ein laut quiekendes, auf einem Karren festgebundenes Schwein, gackernde Hühner, die von der Lenkstange eines uralten Fahrrads baumeln, oder einen Fisch, der auf einer völlig durchgeweichten Zeitung herumzappelt. Dabei gibt es Märkte, die noch farbiger sind und westlichen Besuchern durchaus an die Nieren gehen können. Auf dem Markt von Guangzhou (Kanton) zum Beispiel kann man Schlangen, Vögel, Hunde, Wiesel, Kaninchen und sogar einen Korb voll verspielter Kätzchen sehen. Werden die Katzen gekauft, damit sie Mäuse fangen? Oder sollen sie selbst gegessen werden? Ich gestehe, daß ich nicht fragte — ich wollte es einfach nicht wissen.
Wie lebendig es auf diesen Straßenmärkten zugeht, muß man erlebt haben. Die Gerüche, die Laute, das Straßenpflaster unter den Schuhsohlen, das Gedränge der Menschen und die Enge der Marktstände, die Farben und das ganze Getümmel — all das fließt zusammen zu einem sinnenbetäubenden, lebensvollen Trubel, und man kann sich kaum vorstellen, daß es einer Regierung gelingen könnte, das mit Erfolg zu verbieten. Und doch hat Maos Regierung genau das getan, weil die Händler auf den freien Märkten »Kapitalisten der Straße« waren und mit ihrer Eigenmächtigkeit und ihrem Wohlstand das chinesische Experiment hätten in Frage stellen können. Die freien Märkte konnten nur Neid und Ungerechtigkeit nach sich ziehen. Knappe Rohstoffe konnten so in falsche Kanäle geleitet und damit dem öffentlichen Bereich entzogen werden, wohin sie nach dem Willen der allmächtigen Planer fließen sollten — statt in das Privatleben des chinesischen Volkes, dessen Freuden und Genüsse zurückzustehen hatten hinter dem Plan für eine größere Zukunft. Kargheit und Strenge sollten etwas Reinigendes haben, vorsichtiges Haushalten erzieherisch wirken und Sparsamkeit des Volkes im Privatbereich den öffentlichen Luxus von Straßen, Stahlwerken, schlagkräftigen Verteidigungsstreitkräften und den Apparat einer zeitgemäßen Regierung ermöglichen.

Das blieb eine Zeitlang so unter der ungewöhnlichen Wachsamkeit eines totalitären Regimes. Doch vor kurzem hat ein gewaltiger Umschwung stattgefunden, dessen ungeheure Tragweite erst jetzt klar wird, nämlich wie Kommunismus und moderne Industrie in einem Entwicklungsland einander ergänzen können. So wurde im Herbst 1984, als ich in China weilte, auf einem Kongreß verkündet, daß die Parteiführung in der Vergangenheit leider den Irrtum begangen habe, den Besitz von Produktionsmitteln mit deren Anwendung zu verwechseln; nach den neuesten Erkenntnissen verlange die chinesische Volkswirtschaft gerade die Freisetzung eben jener privaten unternehmerischen Kräfte, die bislang als Todsünde galten. All dies wurde in der regierungseigenen Presse verbreitet, und die Auswirkungen waren überall im Lande zu spüren. Was mich beim *nostra culpa* der Parteioberen beeindruckte, war, wie kraftvoll und pragmatisch man die Entwicklung vorantrieb und wie kühl man Fehler der Vergangenheit zugab. Geschäfte machen — mehr als sonst, lautete die neue Parole. Es sah nachgerade so aus, als müsse die Richtigkeit des Strebens nach Wohlstand nicht erst bewiesen werden. Als ob dieses Streben geradezu automatisch zu jener besseren und gerechteren Gesellschaft führen müsse, für welche die großen alten Männer und Frauen der »Befreiung« mit so viel Geduld und Weitsicht gekämpft hatten. Als ob jeder einzelne, der für sich und seine Familie arbeitete, letztendlich etwas täte, das dem Wohle aller zugute käme. Dabei könnte das alles auch noch ganz andere, unerwünschte Folgen haben. Zum Beispiel daß den Bauern der ökonomische Wert mehrerer Kinder so wichtig wird, daß sie bereit sind, Bußgelder und andere Strafen in Kauf zu nehmen. Denn die Einstellung der Regierung zur Familienplanung ist unverändert: Die gesetzliche Norm ist ein Kind pro Ehepaar. In letzter Zeit machte sich an den Schulen schon eine Zunahme von Pflichtvergessenheit bemerkbar. Nicht, daß die Kinder einfach so die Schule schwänzen — sie hüten die Enten und Gänse ihrer Eltern.

Die Politik der vollen Bäuche

Es ist, als ob Adam Smith mit unsichtbarer Hand den *Wok* schwenkte. Die Politik der vollen Bäuche und gestopften Münder läßt sich sehr deutlich an den Straßenmärkten ablesen. Sie spiegelt sich im neuen Wohlstand der Bauern, die diese Märkte gerne und oft so gut beliefern, daß sie dabei reich werden. Die Regierungspresse (eine andere gibt es praktisch ja nicht) verkündet stolz die offenbar beispielhaften Triumphe von Familien, die aus der Eierproduktion, dem Warentransport oder dem Anbau von allem möglichen ein Jahreseinkommen von zehntausend Yuan bezogen. Das ist das Fünfundzwanzigfache dessen, was der Durchschnittsbauer in China verdient. Daß ein paar Familien in einem Land mit einer Milliarde Einwohner soviel verdienen, mag praktisch kaum einen Unterschied machen. Doch die Auswirkung dieser Beispiele ist bereits enorm, um so mehr, als die regierungskontrollierte Presse das Glück dieser neuen Plutokraten in alle Welt hinausposaunt. Irgendwer hat einmal gesagt, ein Heer marschiere »mit dem Bauch« — mit einer neuen politischen Ordnung ist das offenbar nicht anders. In einigen Lebensmittelläden Shanghais gibt es jetzt Bohnenkaffee, offensichtlich zur größten Verwunderung der Kunden, die solchen ausländischen Luxus noch nie zuvor gesehen haben. (Was jedoch nicht heißt, daß man als eingefleischter Kaffeeliebhaber in China nicht doch seine eigene Dose Nescafé mitbringen muß.) Nicht daß alles, was aus dem Westen kommt, unbedingt begehrenswert wäre; ich mußte zu meiner Enttäuschung feststellen, daß man in den Hotels davon ausging, ich würde dem weit reizvolleren chinesischen Frühstück ein westliches vorziehen.

Trotzdem, die Sache mit dem Kaffee macht die Öffnung Chinas auf dem Gebiet der Eßgewohnheiten und der Nahrungsmittelindustrie deutlich.
Bis jetzt hat diese Öffnung noch nicht zu der schlimmen Einrichtung westlicher *fast food*-Restaurants geführt. (Als McDonald's in Tokio — dem Tokio der hinreißenden klassischen japanischen Küche — sein erstes Restaurant eröffnete —, wurden dort so viele Hamburgers verkauft, daß die Registrierkassen heißliefen; die Firma macht alle sechzehn Stunden irgendwo auf der Welt ein neues Restaurant auf.)

Bedenkt man, wie radikal man in China erst vor kurzem mit der Geschichte gebrochen hat, mutet es schon etwas seltsam an, daß die erste bedeutendere Konzession ausgerechnet an das Pariser Maxim's ging, wo Speisen serviert werden, die einen normalen Chinesen drei bis vier Monatsgehälter kosten. Außerdem erinnert dieses Lokal an das dekadente elegante Paris, das zum Geiste Maos, seinem langen Marsch und zur Wirklichkeit des chinesischen Wirtschaftslebens in krassem Gegensatz steht.
Gewiß — eigentlich ist *fast food* so etwas wie eine chinesische Erfindung, denn bei der Knappheit des Brennmaterials müssen die Zutaten in der chinesischen Küche kleingeschnitten und -gehackt werden. Im allgemeinen geht die Zubereitung des chinesischen Essens ziemlich schnell vonstatten und bewahrt dabei den eigentlichen Nährwert der Speisen. Durch Hacken und Würfeln wird dem Garen und Würzen ein Maximum an Angriffsfläche geboten und einem Minimum an Grundsubstanzen ein Höchstmaß an Aroma abgerungen.

All das (nebst dem schon erwähnten traditionellen Mangel an Kühlmöglichkeiten) erfordert in allererster Linie möglichst frische Zutaten von hoher Qualität. Zwar werden in China (im Gegensatz zur japanischen Küche) verhältnismäßig wenig Speisen roh serviert — weder als Salat noch als *Sushi,* noch in irgendeiner anderen vergleichbaren Form. Doch da ein wichtiges Element der chinesischen Landwirtschaft die Verwendung von »Nachthumus«, also menschlicher Exkremente, ist, besteht immer die Gefahr der Krankheitsübertragung, wenn das Essen nicht gründlich und ausreichend gekocht wird. Deshalb wird grundsätzlich sehr heiß gekocht, genauso wie Trinkwasser gewöhnlich abgekocht wird. Doch beim Kochen ist diese Sorge um die Gesundheit in Einklang zu bringen mit dem Bedürfnis nach geschmackvoller Frische und der sparsamen Verwendung von Brennmaterial. Es war daher besser, die früher reichlich vorhandene Zeit für Hacken und Schneiden zu opfern, als bares Geld für Holz, Holzkohle oder anderes Brennmaterial auszugeben.
Zumindest galt das bis vor kurzem — bis zu dem Heranbranden von Wohlstand und Geschäftigkeit im Gefolge jener bemerkenswerten Veränderungen im chinesischen Wirtschaftsleben, die 1978 von Deng Xiaoping ins Werk gesetzt wurden. Die Menschen verdienen mehr Geld, wollen infolgedessen — und das ist die Ironie des Ganzen — mehr arbeiten und haben daher weniger Zeit zum Kochen. Deshalb rechnet die chinesische Regierung mit dem Aufkommen einer mächtigen Industrie zur Herstellung von Schnellgerichten; im Jahre 1984 investierte sie daher in der Nahrungsmittelindustrie genausoviel wie in den vergangenen dreißig Jahren zusammen. Der Ausstoß an *fast-food*-Mahlzeiten hat sich in den größeren Städten seit 1980 vervierfacht; im Jahre 1984 wurde in Beijing das dritte chinesische *fast-food*-Restaurant eröffnet, in dem täglich etwa achttausend Menschen bedient werden. So riesenhaft ist das gar nicht, wenn man bedenkt, daß in einem der feinsten Restaurants in Guangzhou, das über vier Stockwerke geht, zweitausend Menschen Platz finden und es hier den ganzen Tag über brechend voll ist. Die Qualität des Essens ist, das kann ich bestätigen, vorzüglich. Qualität und Quantität müssen einander also nicht unbedingt ausschließen.
Dennoch, es ist wohl kaum eine Frage, daß die größere Zeitknappheit sich auch darauf auswirken wird, *wie* die Chinesen essen und *was* sie essen. Doch das liegt noch in ungewisser Zukunft.
Gleichwohl ist Essen auch etwas Eigenständiges, ein wohlschmeckendes Kunstwerk, eine Quelle der Lust und eine elegante Sprache eigener Art. Und manches davon läßt sich mit unseren menschlichen Augen aufnehmen.

这樣的皇宫食物

Essen wie am Kaiserhof

這樣的皇宮食物

Viele Elemente müssen zusammenkommen, um einer Kultur von großer Vielfalt ein besonderes Kennzeichen aufzudrücken, und daß sie zu einer eigenen Einstellung gegenüber dem Menschenleben gelangt. In China offenbart die Verbotene Stadt in Beijing in lacküberzogenem Holz, Metall, Stein und — vielleicht am subtilsten — in Farbgebung und Vergoldung, welche sinnbildlichen Vorstellungen ihre Erbauer und Besitzer von der Welt hatten; in welchem Rhythmus das Auge ihrer Meinung nach am ehesten fähig wäre, hinter die wahre Aussage gegenständlicher Objekte zu kommen; welche Gefühle sie dem Kaiser gegenüber hegten; und was sie als wahr erträumten. Diese Bilder sind immer noch ein Teil der Vorstellung, welche die ganze Welt von China hat.

Unsere Vorstellungen werden, wie mir gleich in den ersten Augenblicken meines Aufenthalts in China klar wurde, auf höchst subtile Weise bestätigt. Nach einem fast vierundzwanzigstündigen Flug landete ich um Mitternacht in Beijing und nahm mir ein Taxi zum Hotel. Aus dem Autoradio ertönte eine Aufnahme von Beethovens Neunter Symphonie, gespielt vom Shanghaier Orchester. Die Musik hatte etwas Geheimnisvolles an sich, als ob sie zwischen Bonn und Beijing von einem Musiker zum anderen weitergegeben worden wäre und dabei einen unverkennbar chinesischen Klang angenommen hätte — obwohl die Noten sich nicht geändert hatten und auch noch auf den gleichen Instrumenten gespielt wurden. Da fuhr ich durch die milde feuchte Herbstnacht, bemerkte, wie goldene Blätter über den Fahrdamm wehten, und nahm die Bäume und schattenhaften Formen wahr, die zu beiden Seiten aufragten — und von einem Moment auf den anderen war mir ein bedeutendes Werk meiner eigenen Kultur auf sanfte, dennoch entscheidende Weise verändert begegnet. Nicht anders ist es mit dem Essen. Vielleicht finden die Chinesen von heute, daß zwischen der Wirklichkeit der täglichen Nahrungsaufnahme und der Brillanz traditionell angerichteter Speisen und der phänomenalen Vielfalt der kaiserlichen Küche Welten liegen. Dennoch bleibt im Kern etwas von dieser erhalten, denn es gibt eine Theorie in der chinesischen Kochkunst, die sich von jener klassischen Tradition herleitet, die eng mit kaiserlicher Macht verbunden ist. Viele Nicht-Chinesen wissen, was Yin und Yang ist, die beiden klassischen Komponenten der Ausgewogenheit — die Vorstellung, daß das Universum kein Zufallsgebilde ist, sondern sich auf erkennbaren Prinzipien aufbaut. Yin beinhaltet Innerlichkeit, Nachgeben und Sich-Anpassen an die Welt und Elemente des Weiblichen. Yang ist zupakkend, rauher, härter und weist männliche Elemente auf. Beide ergänzen einander und müssen einander respektierend ein Ganzes bilden; geschieht dies nicht, hat das Unordnung und Torheit in zahllosen Aspekten des Lebens zur Folge. Das zeigt sich in China im täglichen Leben. Gut und richtig speisen zum Beispiel spiegelt die Vielfältigkeit, welche die Chinesen für ein gesundes, maßvolles Leben für erforderlich halten. Nicht einfach heiß und kalt oder süß und sauer, sondern auch kräftig und zart, knusprig und weich, leicht und schwer. Durch die Menge der gleichzeitig angebotenen Gerichte kann der Speisende besser die Vielfalt und Kontraste würdigen, die der Koch harmonisch in die Mahlzeit eingebracht hat. Durch das nachhaltige Fortwirken der Mythologie gehören zu einem anständigen Festmahl unbedingt ein Drache und ein Phönix — und zwar geschaffen aus Nahrungsmitteln, die dergestalt geformt sind, daß sie nach etwas aussehen, was sie in Wirklichkeit gar nicht sind. Die chinesische Küche hat zuweilen etwas Verspieltes und launisch Täuschendes — Entenfüßen wird zum Beispiel das Aussehen von Fischflossen gegeben —, was in krassem Gegensatz steht zu der sonst allgemein gültigen Regel, daß Lebensmittel pur und so zubereitet werden müssen, daß ihre besondere Eigenart und das Verlockendste an ihnen zur Geltung kommen. Das ist ein schwelgerisches Vergnügen, und es bedurfte wohl des ganzen Reichtums des kaiserlichen China, um solchen Aufwand betreiben zu können. Aber welcher Art von Luxus sich eine Gesellschaft ergibt, kann uns auch verraten, was sie für lebenswichtig erachtet. Es gibt wohl wenig Zweifel, daß für die Chinesen Essen etwas Sagenhaftes und -umwobenes ist und nicht nur Notwendigkeit. Möglich, daß gerade diese Einstellung besonders anregend für das Schöpferische in der chinesischen Küche war, für die Intensität ihrer Farbgebung, ihre häufig kühnen Mischungen und ihren Abwechslungsreichtum. Auch wenn es dem Gast an einem traditionellen Festbankett nicht in erster Linie um Philosophie geht, ist er nie weit von einer mit dem kaiserlichen China verbundenen Weltanschauung entfernt.

Die Verbotene Stadt in Beijing (Peking). Hier waren Ming- und Ch'ing-Kaiser zu Hause. Von der Jahrhundertwende an bis in die späten sechziger Jahre war dem Publikum der Zugang verschlossen. Auf einem etwa 1 km² großen Gelände im Herzen Beijings gelegen, umfaßt sie neuntausend Räume. Sie verkörpern das innere Wesen des kaiserlichen China. ▷

Ein Meisterwerk des 15. Jahrhunderts. Achtundzwanzig Säulen aus Baumstämmen aus Yunnan tragen, ohne daß auch nur ein einziger Nagel verwendet wurde, die aus fünfzigtausend glasierten Ziegeln bestehende Kuppel. Diese Halle für das Gebet um eine gute Ernte wurde Jahr für Jahr zur Wintersonnenwende vom Kaiser und seinem Hofstaat aufgesucht. Architektur wie Ornamente des Bauwerks sind von tiefem Symbolgehalt erfüllt.

Diese beiden Gerichte sind typisch für die kaiserliche Tradition, die das Kulinarische mit dem Symbolischen verbindet. Blättert man zum Foto des Großen Tempels (S. 29) zurück, entdeckt man auf Pfeilern die gleichen Tiere. Gerichte, die Darstellungen in einem geheiligten Tempel gleichen sollen: Im kaiserlichen China bedeutete Nahrung viel mehr als Essen.

Aus demselben Restaurant: ein Drache aus Eigelb, Gurken, Karotten und Rindfleisch schmückt einen Festtagstisch.

Ein Phönix aus dem Fangshan-Restaurant in Beijing, aus gebratener Entenhaut, Eiweiß, Gurke, roter Bete und Taubeneiern komponiert.

Süßigkeiten aus dem Fangshan-Restaurant in Beijing: Blätterteiggebäck, mit süßer Bohnenpaste gefüllt, darunter Klebreis, zu »Bhuddas Händen« geformt.

Diese »Laterne« kommt aus Wuxi. Sie besteht aus kleinen Shrimps, Eiern, Mandarinen und gebratenem Spinat in einer Sauce, die mit Tomaten zubereitet ist.

Eine Klebreis-Dekoration mit Pfauen und Blumen aus dem Nanlin-Restaurant in Suzhou.

Entenfüße mit ihren Schwimmhäuten bilden die Schwanzflossen von Fischen, die aus gehacktem Hühnerfleisch geformt sind.

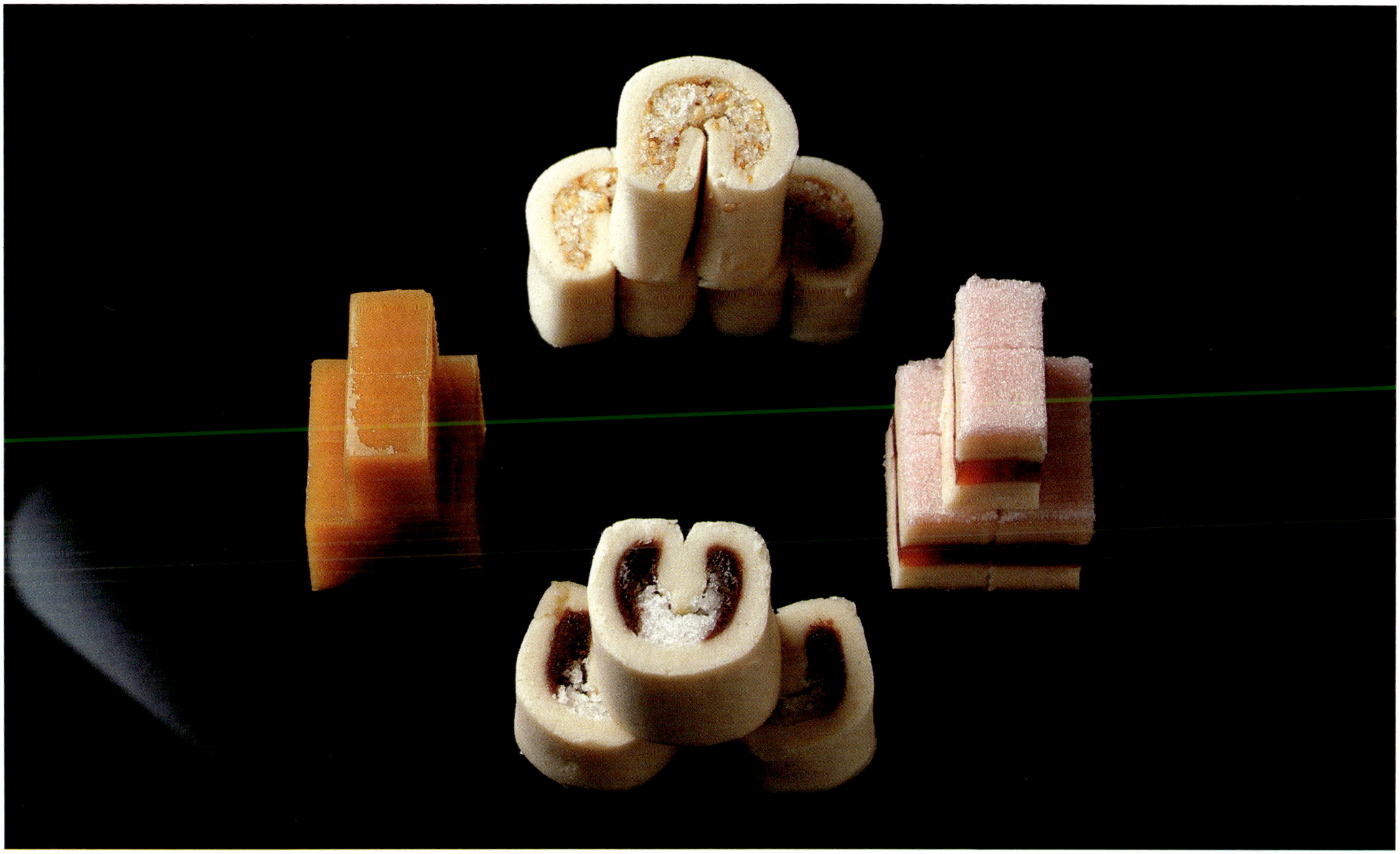

Kaiserliches Konfekt aus Peking, aus Mungoerbsen und Weizenmehl hergestellt und mit roter Bohnenpaste gefüllt.

Ein weiteres Beispiel dafür, wie die Chinesen es verstehen, Nahrungsmittel spielerisch in symbolische Tierwesen zu verwandeln: ein Fisch aus Klebreis aus dem Nanlin-Restaurant in Suzhou.

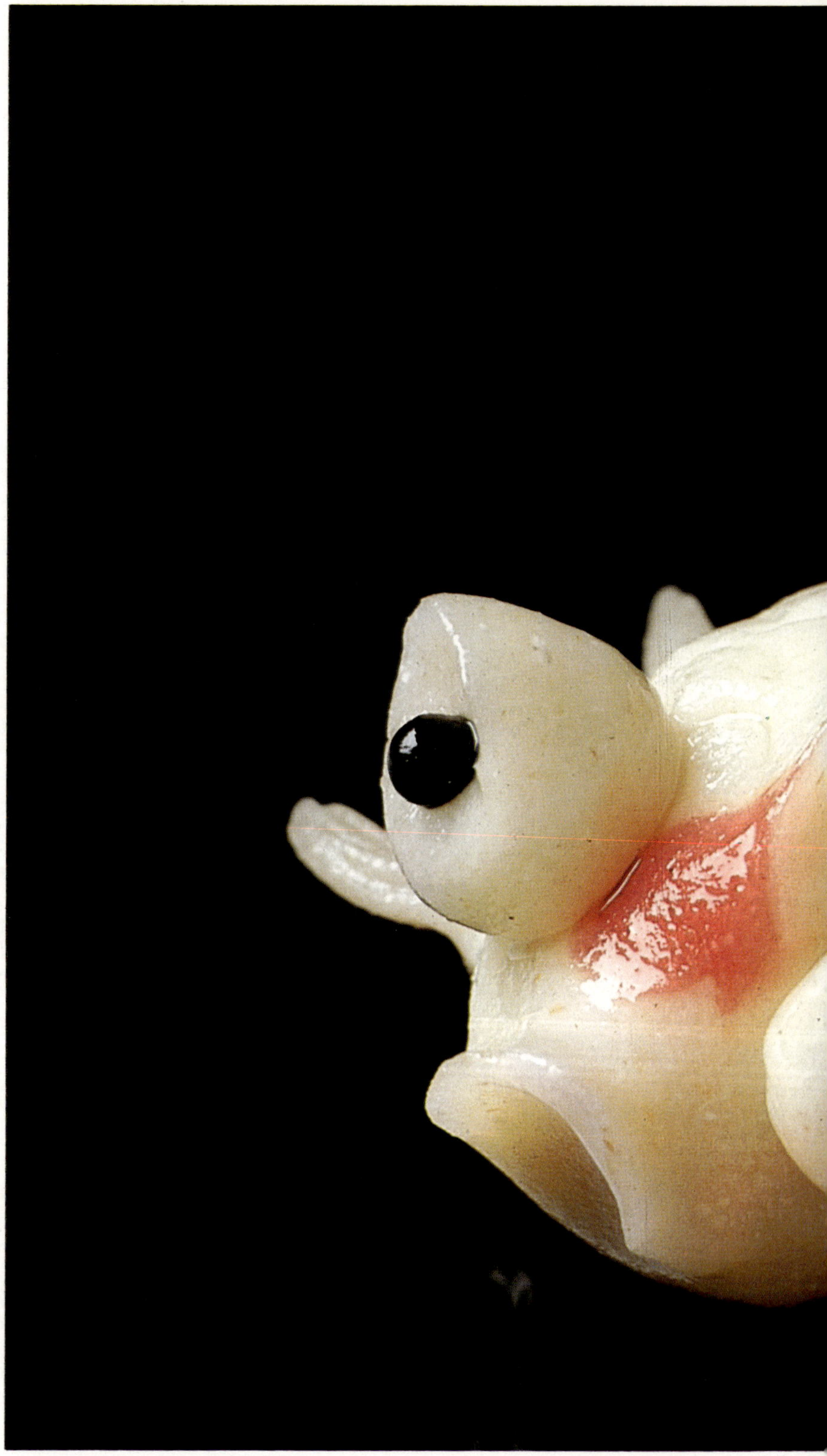

Eine Vorspeise wird zum dekorativen Kunstwerk.

Ein Kranich, aus einem Kürbis geschnitzt, prunkt über einem Festessen im Hubin-Hotel in Wuxi. Das Hotel liegt am Taihu-See, der für seinen Fischreichtum berühmt ist.

Ein Dessert aus frischen Beeren und mit gemahlenen Mandeln gemischter Milch in Form des Yin-Yang-Symbols, das die Harmonie der Welt verkörpert.

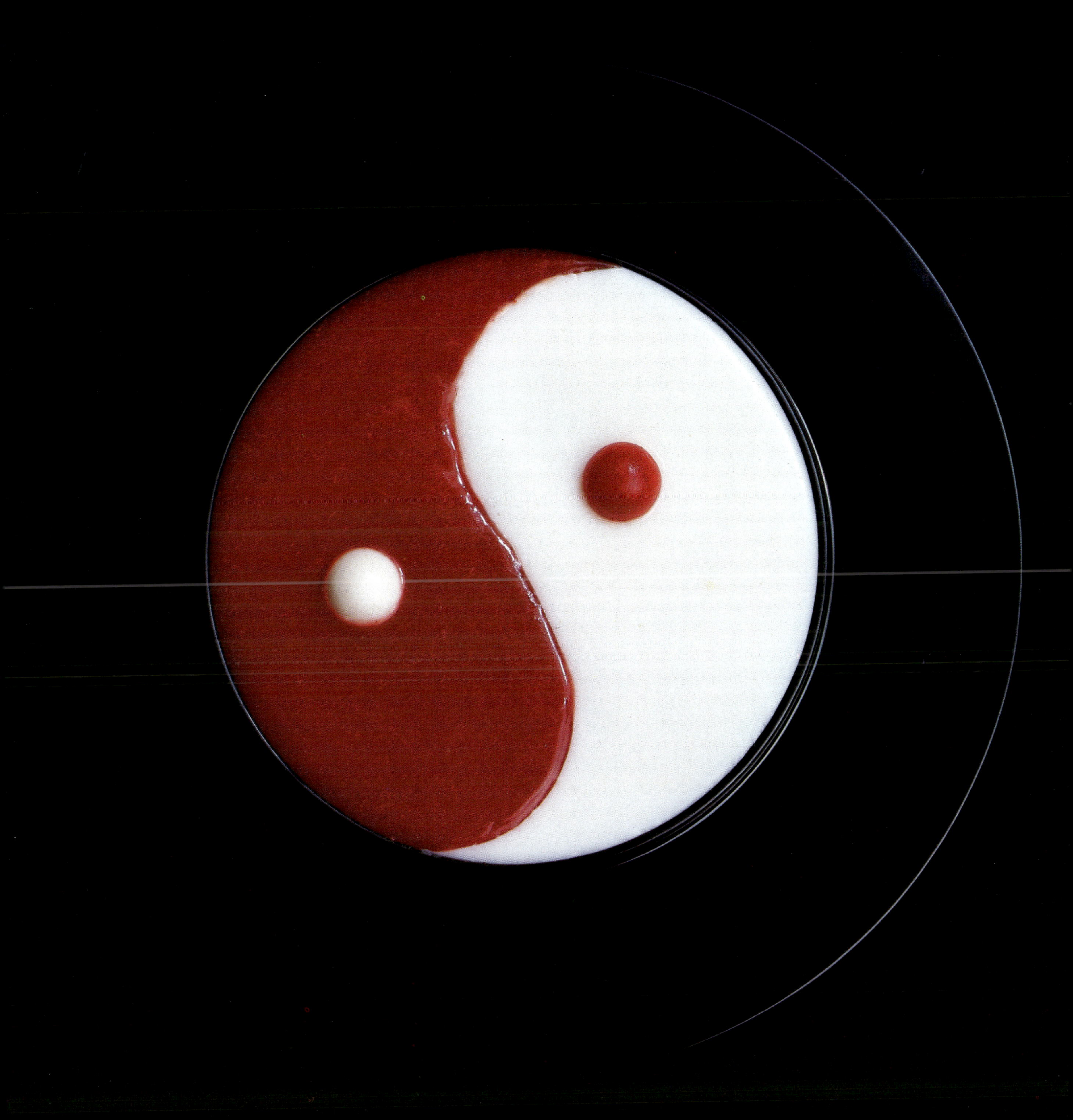

大量的稻米豐富的糧食

Ströme von Reis – Ströme von Korn

大量的稻米豐富的糧食

Ein Viertel der Menschheit lebt in China, doch ernähren muß sich dieses Viertel von sieben Prozent der landwirtschaftlich nutzbaren Fläche der Erde. Die Folge dieser Tatsache ist, daß kaum Land in China brach liegen bleibt. Jedes Fleckchen Erde trägt irgendeine Pflanze. Das ganze Land ist dermaßen durchkultiviert, daß man fast sagen könnte, in China gäbe es keine Landschaft, sondern nur Kulturland. Bestelltes Land freilich von atemberaubender Vielfalt und Größe — jahrtausendealte, menschengeschaffene Bodenformationen, auf denen jede Handbreit Erde etwas Eßbares hervorbringt. In Nord-China liefern ausgeklügelt voneinander abgegrenzte Weizenfelder das Grundnahrungsmittel. In der Südhälfte des Landes gedeiht auf den berühmten Bergterrassen und in stehenden Teichen Reis. Reis erbringt pro Morgen mehr Nahrung als irgendeine andere Kulturpflanze, und es heißt, daß in Süd-China mehr Menschen von einem Morgen Land leben als irgendwo sonst auf der Welt. Süd-China gilt allgemein als eines der erfolgreichsten Länder auf der Erde, wo auf lohnende Art und Weise eine Vielzahl verschiedener Produkte angebaut wird.

Die Aufgabe, immer mehr Millionen Menschen dreimal am Tag zu sättigen, ist über tausend Jahre alt. Das uralte Bewässerungssystem und die verschlungenen Felder, über die das Wasser in genau ausgemessenem sanftesten Gefälle hinwegfließt, sind Monumente jahrhundertealter Erfahrung und jahrhundertealten Wissens, wie man mit und auf diesem Land am besten lebt. Kein Mensch hätte das allein vollbringen können, weder ein einzelner Bauer, noch ein für sich arbeitendes Unternehmen. Eine große Gruppe bildet die kleinste Einheit, die mit den Problemen fertig werden konnte, welche die Bewässerung aufwirft; möglicherweise ist das die Grundlage des traditionellen chinesischen Gemeinsinns.

Reis *(fan)* und Korn sind

das Herz aller Dinge; China ist der größte Getreideproduzent der Welt. Viele Schriftsteller finden einen Stil »eleganter Variation« — Abwechslung in der Form, in der Wortwahl und im Fluß der Sätze — gut. Das gleiche Konzept liegt der Art und Weise zugrunde, wie chinesische Köche ihre Aufgabe, Menschen zu ernähren, erfüllen möchten — wobei ihnen oft nur ein sehr begrenztes Maß an Zutaten zur Verfügung steht; allzu häufig sind es immer die gleichen. Manchmal führt das zu einem geheimnisvollen verwirrenden Bearbeitungsprozeß, in dem das Korn (meistens ist es dies) ganz zu verschwinden scheint, um dann als etwas völlig anderes wiederzuerscheinen. Es wird gekocht, gedünstet, gesotten, gebacken, zerstoßen, zerrieben, zermahlen, gefüllt, umhüllt, flach ausgewalzt, zusammengerollt und getrocknet. Es findet sich in allem, von der Dampfnudel zum Frühstück, wie man sie in einer Beijinger Garküche bekommt, bis zu der elegant geriffelten Pastete bei einem Diplomatenbankett; so wird im Norden aus dem Weizen selbst eine Vielzahl verführerischer Varianten hergestellt. Im Süden, wo als Grundnahrungsmittel der Reis vorherrscht, beruht die Abwechslung vornehmlich darauf, was dem Reis hinzugefügt wird — die scharfen eingelegten »Pickles«, die stark gewürzten und mit vielerlei Saucen zubereiteten Fleischsorten, der Fisch, das Gemüse; selbst wenn der Reis immer gleich bleibt, der Gaumen erlebt immer wieder eine Überraschung.

Fan ist überall. Er trocknet am Straßenrand auf Strohmatten, er wird in Säcken auf dem Rücken von Lastträgern oder auf den allgegenwärtigen Fahrrädern transportiert, die — sonderbaren langen Insekten gleich — ganz China bevölkern. Während der Sui-Dynastie von 581 bis 618 nach Christi Geburt wurde der Kaiserliche Kanal gegraben, der drei Flüsse miteinander verbindet — den Hai He, den Huang He oder Gelben Fluß und den Chang Jiang oder Jangtse — und zwar auch, um den Reistransport vom fruchtbaren Süden in den Norden zu erleichtern, der trockener ist und wo man widerstandsfähigere, aber schwieriger anzubauende Weizensorten züchtet. Bis auf den heutigen Tag kann man stattliche Züge von zehn oder noch mehr aneinandergeketteten Getreidekähnen durch die künstliche Wasserstraße ziehen sehen. An Tagen, an denen die Bauern an die Lagerhäuser der Regierung Reis zur Weiterverteilung im Land abliefern müssen, warten lange Schlangen von Leuten — zu Fuß oder auf allen möglichen Fahrzeugen — geduldig darauf, daß sie an die Reihe kommen. Ende der siebziger Jahre wur-

de der Reis rationiert, und die Menschen mußten sich mit dem begnügen, was ihnen zugebilligt wurde: Büroangestellte bekamen weniger als Arbeiter, Schwerarbeiter mehr als alle anderen, Kinder ihrem Alter entsprechend. Aber jetzt gibt es genug Reis, in manchen Gebieten sogar mehr als genug, und so haben die Reis-Marken kaum noch etwas zu sagen, denn auf den freien Märkten kann man soviel Reis bekommen, wie man will.

Eine Meldung von Associated Press vom 27. Dezember 1984 aus Beijing: »Die Kornspeicher Chinas sind nach einer Rekordernte randvoll ... es gibt mehr Getreide, als die staatlichen Getreidespeicher fassen können.« Übergenug Reis in China! Das hatte es noch nie gegeben!

Reisernte inmitten einzigartiger Felsformationen in der Nähe von Guilin; ein winziger Ausschnitt aus einer sich über Hunderte von Meilen erstreckenden Märchenlandschaft. Überbleibsel einer geologischen Auffaltung und einer über 300 Millionen Jahre dauernden Erosion.

◁ In der Provinz Gansu in der Nähe von Lanzhou gedeiht in zweitausend Meter Höhe auf menschengeschaffenen Terrassen Weizen.

Buddha in einem Reis-Feld in der Nähe von Shaoxing.

Ernte in der Nähe von Guilin.

Blick von einem nahezu unzugänglichen Dorf auf die sechshundert Jahre alten Reisfelder des Volkes der Zhuang, der größten ethnischen Minderheit in China. In der Nähe von Guilin.

Die Zhuang bündeln den Reis auf dem Feld, trocknen die Garben in der Sonne und lagern sie ungedroschen für den Winter.

◁ Beim Umwenden von Korn in der Nähe von Lhasa, Tibet.

Reisernte in der Nähe von
Guilin.

Ein junger Mann trägt den Reis zu seinem Holzhaus. Der Reis wird auf dem Dach des Hauses in der Sonne getrocknet; gelagert wird er gebündelt, wie hier zu sehen.

Über Bambusstangen gehängte Nudeln trocknen vor einer Nudelfabrik in Guilin.

In einem eleganten Fächermuster präsentiert sich dieses in Öl fritierte Weizengebäck, das auf einem Markt in Chengdu angeboten wird. Es wird als Snack oder zum Frühstück mit heißer Sojabohnenmilch gegessen.

Chinesische »Ravioli« aus der Provinz Yunnan. Sie sind mit einer Mischung aus Blattgemüse und Schweinefleisch gefüllt.

Jiaozi oder Teigklöße gehören mit zu den beliebtesten Speisen in China. Diese wurden in einem kleinen Restaurant in Hangzhou fotografiert.

Ein Festschmaus für Kinder — süße ausgebackene Klebreisbällchen, die vom Gepäckträger des Universaltransportmittels Fahrrad verkauft werden.

Ein anderes Muster: Zöpfe aus gebackenem Weizenmehlteig, die gewöhnlich zum Frühstück mit heißer Sojamilch gegessen werden.

Ein Gebäck aus Weizenmehl: ausgebackene Teigdreiecke, mit süßer Bohnenpaste gefüllt.

Baozi. Es gibt sie ständig und überall. Man ißt sie mit einer Tunke aus Soja-Sauce und scharfem Chili-Öl.

Flache Weizenbrote, die in einer Tonform auf dem »freien Markt« eines Dorfes bei Chengdu (Provinz Sichuan) gebacken werden.

In Öl ausgebackene Klebreiskuchen aus Shanghai, mit süßer Bohnenpaste gefüllt.

Reis

Vielen, die sich zum ersten Mal mit der chinesischen Küche beschäftigen, wird deren Grundlage — richtig gekochter Reis — als ehrfurchtgebietende, kaum überwindbare Hürde erscheinen. Dabei ist Reis ziemlich leicht zuzubereiten. Eine praktisch narrensichere Methode, Reis zu kochen, sieht so aus:

Reis — eine gute Langkorn-Sorte eignet sich am besten — unter fließendem Wasser drei- bis viermal waschen, dabei die Körner zwischen den Fingern reiben.

Reis gut abtropfen lassen, die nötige Menge kaltes Wasser hinzugeben und den Reis zwei Stunden einweichen.

Für 2 Personen rechnet man etwa 200 g Reis und ca. 0,4 l Wasser. Reis, der länger gelagert wurde, braucht mehr Wasser, läßt sich aber dafür leichter kochen.

Reis im offenen Topf auf hoher Flamme zum Kochen bringen. 4 Minuten kochen lassen, dabei mit Eßstäbchen umrühren. Das meiste Wasser sollte nun verdampft, der Reis aber noch ziemlich hart sein. Den Topf zudecken und auf kleinster Flamme 8 Minuten weiterkochen, dabei ab und zu vorsichtig umrühren.

Perfekt gekochter Reis ist trocken; die Körner klumpen nicht und kleben nicht zusammen, sondern sind locker und körnig.

Die Hitze abstellen und den Reis mit Stäbchen lockern. Den Topf bis zum Servieren zugedeckt lassen, kurz vorher den Reis mit den Stäbchen auflockern.

Chinesische Pfannkuchen
(Bok Bang)

200 g Mehl
50 g Mehl (zum Bestäuben)
0,2 l kochendes Wasser
$1\frac{1}{2}$ TL Sesamöl

■ Mehl in eine Rührschüssel sieben, kochendes Wasser langsam hinzufügen und mit zwei Paar Eßstäbchen oder einem hölzernen Löffel, immer in gleicher Richtung rührend, untermischen. Wenn der Teig das Wasser ganz aufgenommen hat und abgekühlt ist, auf ein bemehltes Brett geben und 2 Minuten gründlich durchkneten. In eine Schüssel geben, mit einem feuchten Tuch oder Frischhaltefolie bedecken und eine halbe Stunde ruhen lassen.

■ Teig zu einem etwa 30 cm langen Strang rollen, in 12 Teile schneiden. Arbeitsfläche wiederum mit Mehl bestäuben und jedes Teigstück mit der flachen Hand breitdrücken. Falls der Teig klebt, mit Mehl bestäuben. Den restlichen Teig währenddessen zudecken, um ihn feucht zu halten.

■ Jeweils 2 Teigscheiben auf einer Seite mit Sesamöl bestreichen, mit den geölten Flächen aufeinander legen und bis zu einem Durchmesser von etwa 15 cm ausrollen. Wenn nötig, dabei mit Mehl bestäuben.

■ Den Wok über mäßiger Hitze etwa 1 Minute erhitzen, den Doppel-Pfannkuchen in den heißen, ungefetteten Wok geben und etwa 1 Minute lang backen, bis sich goldbraune Blasen bilden. Umdrehen und die andere Seite ebenso backen. Aus dem Wok nehmen und das Pfannkuchenpaar voneinander trennen. Man hat nun zwei Pfannkuchen, die jeweils auf einer Seite leicht gebräunt sind. Die Prozedur wiederholen, bis der Teig aufgebraucht ist.

■ Die Pfannkuchen vor dem Servieren 5 bis 7 Minuten dämpfen.

Anmerkung: Man sollte darauf achten, daß der Wok nicht zu heiß wird, da sonst die Pfannkuchen anbrennen, bevor sie durchgebacken sind. (Chinesische Pfannkuchen lassen sich gut auf Vorrat herstellen und einfrieren. Sie müssen vor dem Dämpfen aufgetaut sein.)

Ergibt 12 Pfannkuchen.

Pfannengerührte Nudeln mit Schweinefleisch und Frühlingszwiebeln

250 g dünne Eiernudeln (siehe Anmerkung)
1 TL Salz
1 Bund Frühlingszwiebeln (davon die weißen und zarten grünen Teile)
200 g mageres Schweinefleisch, in feine Streifen geschnitten
1¼ TL Knoblauch, feingehackt
4½ EL Erdnußöl

Marinade:
½ TL Ingwer-Saft, mit ½ TL Weißwein vermischt
¼ TL Salz
½ TL Zucker
½ TL helle Soja-Sauce
½ TL Sesamöl
1½ TL Austern-Sauce
1 Prise weißer Pfeffer
1 TL Maisstärke

Sauce:
¾ TL Zucker
½ TL dunkle Soja-Sauce
2 TL Austern-Sauce
1 TL Sesamöl
1 EL Maisstärke
1 Tasse Hühnerbrühe

■ Die Zutaten für die Sauce und die Marinade in getrennten Schüsselchen mischen und bereitstellen.

■ In einem großen Topf etwa 3—4 l Wasser mit einem TL Salz zum Kochen bringen und die Eiernudeln 2—3 Minuten lang kochen. Sie sollten noch Biß haben. Mit reichlich kaltem Wasser abschrecken, Wasser abgießen, Nudeln nochmals mit kaltem Wasser abschrecken und in einem Sieb 1—1½ Stunden abtropfen lassen.

■ Die Schweinefleischstreifen in die Marinade geben, 30 Minuten darin ziehen lassen.

■ Frühlingszwiebeln waschen und abtrocknen, der Länge nach halbieren (größere auch vierteln) und in etwa 4 cm Länge schneiden.

■ In einer großen (möglichst gußeisernen) Bratpfanne 3 EL Erdnußöl erhitzen, bis es raucht. Die Nudeln in die Pfanne geben und gleichmäßig verteilen. 1 Minute auf hoher Hitze braten, dann die Hitze zurücknehmen und die Pfanne so über der Flamme hin- und herbewegen, daß die Nudeln überall gleichmäßig bräunen. Etwa 10 Minuten, oder bis die Nudeln leicht braun sind, braten. Wenn die Nudeln am Boden festkleben, mehr Öl zugeben. Die Nudeln wenden und auf der anderen Seite auf gleiche Art braten.

■ Wok über großer Flamme erhitzen, 1½ EL Erdnußöl hineingeben. Mit einem Spatel das Öl gleichmäßig verteilen, dann den Knoblauch hineingeben. Wenn der Knoblauch zu bräunen beginnt, das Schweinefleisch zugeben, in einer dünnen Lage verteilen und 2—3 Minuten braten. Das Schweinefleisch wenden und weiterbraten, bis es seine rosa Farbe verloren hat. Frühlingszwiebeln zugeben und gut vermischen. Die Fleisch-Zwiebel-Mischung an den Rand des Woks schieben, die Sauce gut verrühren, hineingießen und alles gut vermischen. Wenn die Sauce andickt und glasig wird, Hitze abstellen.

■ Nudeln auf einem Servierteller anrichten, die Schweinefleisch-Zwiebel-Mischung darübergeben und servieren.

Ergibt 6 Portionen.

Anmerkung: Frische chinesische Eiernudeln sind bei uns so gut wie nicht erhältlich; getrocknete hingegen findet man leicht in Spezialgeschäften oder Kaufhäusern. Falls Sie selbstgemachte frische Eiernudeln verwenden, denken Sie daran, die Kochzeit zu verkürzen.

Gedämpfte Brötchen

400 g Weizenmehl
5¼ TL Backpulver
150 g Zucker
9 EL Milch
4½ EL Wasser
3 EL Schweineschmalz

Der hierfür verwendete Teig wird aus gebleichtem Weizenmehl hergestellt. Er ist eine ideale Umhüllung für die ungezählten Varianten von Dim Sum (Kleinigkeiten), jener in Kanton — und nicht nur dort — geschätzten Snacks. In Peking dämpft man diese Brötchen ohne Füllung und serviert sie als Beilage. Durch das Dämpfen wird der Teig leicht und luftig. Beliebte Füllungen sind gebratenes Schweinefleisch, Lotossamen-Paste, rote Bohnenpaste und chinesische Schweinswürste.

■ Auf einer Arbeitsplatte Mehl, Backpulver und Zucker mischen. In die Mitte der angehäuften Mischung eine Vertiefung machen und die Milch nach und nach zugießen, dabei mit den Fingern ständig unterrühren. Wenn der Teig die Milch ganz aufgenommen hat, Wasser auf gleiche Weise zugeben und in den Teig einarbeiten.

■ Schmalz ebenfalls mit den Fingern in den Teig einarbeiten.

■ Den Teig mit dem Teigschaber von der Unterlage aufnehmen, dabei mit der anderen Hand ständig kneten (etwa 12—15 Minuten lang). Wenn der Teig zu trokken ist, Wasser teelöffelweise zugeben und weiterkneten, bis er elastisch wird. Ist der Teig zu feucht, die Arbeitsfläche und Hände mit Mehl bestäuben und darunter kneten.

■ Ist der Teig fertig geknetet und fühlt sich elastisch an, ein leicht angefeuchtetes Tuch darüber breiten und ihn 1 Stunde ruhen lassen. Dann in 2 gleiche Stücke teilen.

■ Aus den Teigen zwei etwa 25 cm lange Rollen formen, jede in 10 gleiche Stücke schneiden. Jedes Stück zu einem Rechteck von zirka 6 × 9 cm Seitenlänge formen und auf ein etwa 8 × 11 cm großes Stück Wachspapier legen, so daß ringsherum ein etwa 1 cm breiter Papierrand bleibt. Alle 20 Teigstücke auf diese Weise zu Brötchen formen.

■ Die Brötchen samt Papierunterlage einzeln in einen passenden Dämpfkorb aus Bambus geben und in einem Wok über kochendem Wasser 15—20 Minuten dämpfen, bis sie aufgegangen sind und eine glänzende Oberfläche bekommen haben. (Man kann auch mehrere Bambuskörbe gleicher Größe aufeinanderschichten und ihren Inhalt gleichzeitig dämpfen.) Brötchen aus dem Korb nehmen und sofort servieren.

Ergibt 20 Brötchen.

Verschiedene Arten konservierter Gemüse verleihen dem Reis, mit dem sie gemischt werden, typische Geschmacksnoten. Jeder Landstrich, wenn nicht sogar jede Familie, hat für sich eine besondere Methode entwickelt, die lokalen Gemüsesorten haltbar zu machen.

Eine Methode, den neutralen Geschmack von Reis zu verändern, ist, ihn für Füllungen zu verwenden. Hier werden getrocknete Pflaumen mit Schweinefleisch und Klebreis gemischt, in Bambusblätter gewickelt und etwa zwei Stunden lang gedämpft.

Ein Gericht aus vier Nudelsorten: hausgemachten, breiten, dünnen und Eiernudeln.

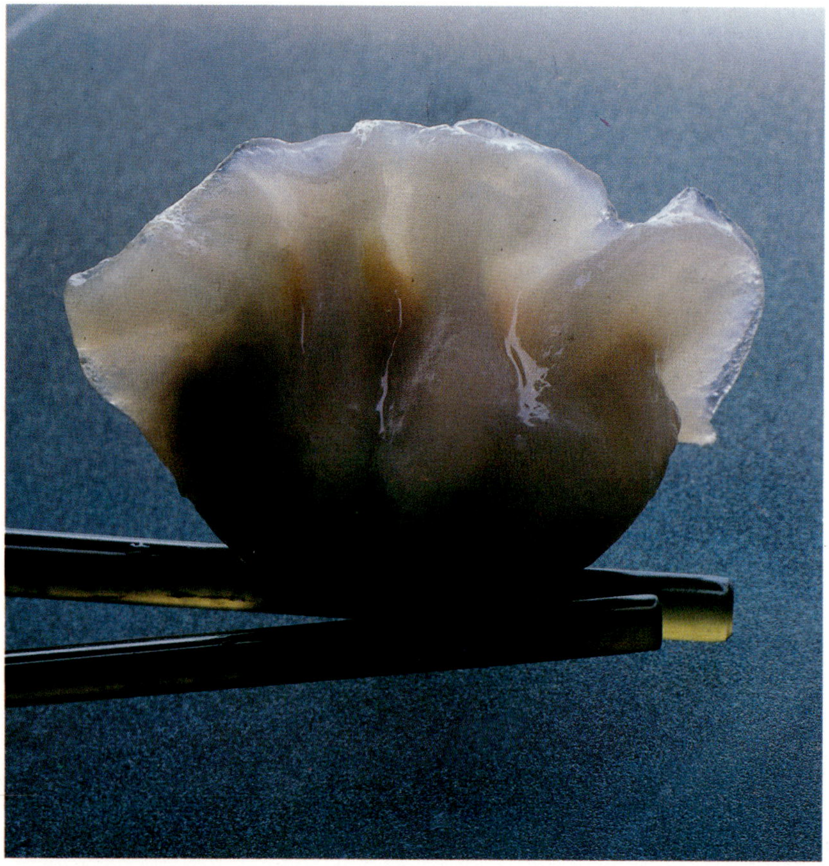

Eine der unzähligen Arten, wie sich eine schlichte Tasche aus durchsichtigem Weizenteig in ein unverwechselbares Gericht verwandeln kann. Hier präsentiert sich ein Dim Sum aus Guangzhou (Kanton) als frischgedämpfter Frühstücksleckerbissen auf Jadestäbchen.

Mondkuchen — man schenkt sie einander zur Zeit des buddhistischen Mondfestes im September und bei Familienfeierlichkeiten. Sie sind mit Blumenmotiven oder symbolischen Schriftzeichen geschmückt — »zweifaches Glück« wünscht der mit roter Bohnen-Paste, gesüßten Sesamsamen und Lotoskernen gefüllte Mondkuchen in der Mitte. Die anderen enthalten konserviertes Schweinefleisch, Eigelb und Hühnerfleisch.

在忘照片中見豆腐

Was auf diesem Bild ist Tofu?

在這照片中見豆腐

Tofu *(dofu)* ist nichts anderes als Sojabohnen-Quark, ein Nahrungsmittel, das im unverarbeiteten Zustand so gut wie nach nichts schmeckt, so fade und überaus langweilig, daß es wie das ideale Produkt einer futuristischen Diktatur anmutet, die jegliche Form von Lustgewinn auszumerzen trachtet, das perfekte Grundnahrungsmittel für ein von deprimierten Chemikern geleitetes Land, denen Standardisierung über alles geht. Und in der Tat: Tofu wird in Fabriken hergestellt, auch wenn sie nicht gerade groß sind und auch keinen Rauch ausstoßen.

Die Bedeutung von Tofu für die Ernährung der Chinesen kann nicht hoch genug eingeschätzt werden — denn Tofu ist das billigste eiweißhaltige und zum Glück cholesterinarme Grundnahrungsmittel im Lande überhaupt; doch nicht minder hoch einzuschätzen ist der Einfallsreichtum der chinesischen Köche, die eine Vielzahl verführerischer Zubereitungsarten für Tofu erfunden haben. Aus der einfachen Soja-Bohne wird ein äußerst vielfältig verwendbares und sehr nahrhaftes Grundnahrungsmittel gewonnen, das aus der chinesischen Ernährung nicht wegzudenken ist. Die triumphale Entwicklung dieses Grundnahrungsmittel ist ein aufregendes Beispiel für die enge und segensreiche Beziehung zwischen dem Boden und den Menschen, die auf diesem Boden leben. Buchstäblich überall in China gibt es ein bestimmtes *mapu-dofu*, ein für die

Gegend typisches »hausgemachtes« Tofu. Da Tofu an sich nach nichts schmeckt, ist es besonders geeignet, den Geschmack und die Konsistenz anderer Zutaten anzunehmen — deshalb spiegelt sich im *mapu-dofu* die regionale Küche besonders gut. Nun gibt es Tofu überall, einfach deshalb, weil es eine so billige und ökologisch gesunde Quelle des lebenswichtigen Eiweiß ist. Fleisch, Fisch und sogar Gemüse mit ausgeprägtem Eigengeschmack sind für die meisten Chinesen im Laufe ihrer langen Geschichte eher ein Luxus gewesen. Die Vorstellung, die Nord Amerikaner und Europäer von einem chinesischen Essen haben — das heißt: mehrere Teller oder Schalen mit kräftigen Speisen darin —, ist eine grobe Übertreibung; die »Nebensachen« — also Schalen mit Reis und Nudeln oder Brötchen — kommen der Wahrheit schon näher. Doch Tofu ist verhältnismäßig leicht zu gewinnen und herzustellen. Da es sich um etwas Verderbliches handelt, muß es frisch genossen werden — Tofu-Händler liefern ihre Ware frei Haus, so wie bei uns früher der Milchmann die Milch. Seiner geschmeidigen Konsistenz wegen wird Tofu häufig (übrigens überraschend naturgetreu) Fleisch und Geflügel nachgeformt, Nachbildungen, die fast immer Zierde der Festtafel vegetarisch lebender Buddhisten sind. Für gewöhnlich sind sie das Werk von dieser Aufgabe besessener Mönche, die ein Leben lang Zeit haben, die dafür nötige Geschicklichkeit zu entwikkeln. Doch das ist ein anderer, weniger wichtiger Grund für die Allgegenwärtigkeit dieses Lebensmittels und die große Rolle, die es in der chinesischen Küche spielt. Und da Tofu sich als geschmacksneutrale Ausgangsbasis anbietet, stellt es für Köche daheim und in den Restaurants eine besondere Herausforderung dar.

Zutritt zu einem chinesischen Unternehmen zu bekommen, erweist sich als überraschend schwierig, insbesondere wenn es eines ist, das nach Tradition riecht, nicht »auf der Höhe der Zeit« und nicht repräsentativ ist für die »Vier Modernisierungen«, welche die gegenwärtige Regierung sich zum Ziel gesetzt hat und wie sie 1975 formuliert wurden (die beschleunigte Entwicklung von Landwirtschaft, Industrie, nationaler Verteidigung sowie Wissenschaft und Technik). So war es ein glücklicher Zufall, daß wir in einer Kleinstadt in der Nähe von Chengdu (Chengtu), der Hauptstadt der Provinz Sichuan, die Möglichkeit erhielten, das Innere einer Tofu-Fabrik zu erforschen. Wir besichtigten sie, während Garben der spät-nachmittäglichen Sonne den Bau mit seinen hölzernen Strebepfeilern erhellten und uns die ganz und gar nicht aufregenden Geheimnisse des Tofu enthüllten. Und als was stellten die Geheimnisse der Tofu-Herstellung sich heraus? Im Hintergrund der Fabrikhalle und auf dem Dachboden lagerten Säcke mit Soja-Bohnen verschiedener Arten. Diese wurden zum Einweichen in riesige Bottiche geschüttet. Nachdem die Bohnen sich prall mit Wasser vollgesogen hatten, wurden sie in anderen Kesseln gekocht. In dieser Phase der Herstellung wurde für den menschlichen Genuß geeigneter Kalk zugesetzt; danach begann die Fermentierung oder Reifung. Hatte dieser Gärungsprozeß ein bestimmtes Stadium erreicht, wurde die Masse in Behältnisse aus Holz oder Stoff befördert (die einen merkwürdig getreuen Abdruck auf dem Quark hinterlassen), und die Flüssigkeit oder »Molke« wurde herausgepreßt; sie findet gesondert Verwendung. Dann wurde der Quark zu Laiben geformt und möglichst schnell dorthin geliefert, wo der Tofu an diesem Tage benötigt wurde.

Mit Freuden erinnere ich mich an die Garben der Nachmittagssonne, die Emsigkeit der Arbeiter und das zufriedene Lächeln auf ihren Gesichtern. Und ihr Lächeln war — bedenkt man die geradezu lachhafte Einfachheit der Herstellung dieses Lebensmittels — kaum verwunderlich.

Eine Sojabohne in der schützenden Hülle ihrer Schote. ▷

Tofu-Laibe auf einem Markt in der Provinz Sichuan, die für den Kunden mit Holzquadern frischgehalten werden.

Ein Blick in einen Korb auf einem Markt in Sichuan. Links dünne halbgetrocknete *Tofu*-Lagen, die mit Fleisch gefüllt oder in Suppen gekocht werden, rechts *Tofu*-»Würste«, die ebenfalls aus halbgetrocknetem Bohnenquark bestehen.

Tofu in Blätterform.

Tofu in Nudelform, als Suppeneinlage.

In dieser Form ist *Tofu* am häufigsten zu finden.

Diese *Tofu*-Spezialität aus Yunnan läßt man bröckelig werden und anschimmeln, um sie dann vor dem Verzehr zu braten.

Weicher *Tofu*, der in Wasser aufbewahrt wird.

Eine Spezialität aus Chengdu — geräucherter *Tofu*, der in den verschiedensten Formen und Größen auf dem »freien Markt« verkauft wird.

Ein Stilleben mit *Tofu* aus Sichuan: gerollt und dünn, geräuchert, getrocknet und dick, gewürzt und klein …

Verschiedene Arten von *Tofu,* die alle auf dem Markt von Lanzhou gekauft wurden.

Pfannengerührter *Tofu* mit Pilzen

Tofu kann man 2—3 Wochen in einem Plastik- oder Glasgefäß mit Wasser bedeckt — das allerdings täglich gewechselt werden muß — im Kühlschrank aufbewahren.

6 Scheiben *Tofu* (Sojabohnenquark), etwa 5 × 5 × 1 cm groß
250 g frische Pilze
2—3 EL Erdnußöl (zum Braten des Bohnenquarks)
1½ EL Erdnußöl (zum Braten der Pilze)

Sauce:
1½ EL Maisstärke
2 EL dunkle Soja-Sauce
¼—½ TL Salz
1 TL Zucker
¼ l Gemüsebrühe oder Wasser

10 Stengel frische Korianderblätter

■ *Tofu*-Scheiben gut abtrocknen. Pilze putzen, von den Stielen befreien; jeden Pilzhut in 3 Scheiben schneiden.

■ In einem großen Topf ¾ l Wasser zum Kochen bringen, die Pilze hineingeben und das Wasser noch einmal aufwallen lassen. Vom Feuer nehmen, reichlich kaltes Wasser zugeben, dann die Pilze in ein Sieb geben und abtropfen lassen.

■ In einer flachen Bratpfanne (möglichst aus Gußeisen) 2—3 EL Erdnußöl erhitzen und die Bohnenquark-Scheiben 5—7 Minuten, oder bis sie leicht gebräunt sind, anbraten. Die Stücke wenden und die andere Seite auf gleiche Weise braten. Die Scheiben auf einen Servierteller geben und vierteln.

■ 1½ EL Erdnußöl und das Salz im Wok über großer Flamme erhitzen, die abgetropften Pilze hineingeben und 30 Sekunden pfannenrühren.

■ Die Saucenzutaten verrühren und zu den Pilzen in den Wok geben. Gut umrühren, bis die Sauce andickt und glasig wird. Die Pilz-Saucen-Mischung über den *Tofu* gießen, mit den Korianderblättern garnieren und sofort servieren.

Ergibt 6—8 Portionen.

Anmerkung: Wer eine kalorienärmere Variante bevorzugt, kann den Bohnenquark auch dämpfen. Die anderen Zubereitungen ändern sich nicht.

Tofu in würziger Sauce

6 Scheiben ***Tofu*** (Sojabohnenquark), jeweils etwa 5 × 5 × 1 cm groß
125 g Schweinehack
4 getrocknete Chili-Schoten
½ TL frischer Ingwer, feingehackt
½ TL Knoblauch, feingehackt
1 EL Chili-Paste
3 EL Erdnußöl
1 TL Sesamöl
1 Frühlingszwiebel, geputzt und in feine Scheiben geschnitten

Sauce:
¼ TL Salz
1 TL Zucker
2 TL helle Soja-Sauce
1 TL dunkle Soja-Sauce
⅛ TL gemahlener Szechuan-(Sichuan-) Pfeffer
2 EL Maisstärke
¼ l Hühnerbrühe
½ TL Shao-Hsing-Reiswein
½ TL heller Essig

■ *Tofu* gut abtrocknen und in 1-cm-Würfel schneiden. die Saucen-Zutaten miteinander vermischen.

■ Erdnußöl im Wok über großer Flamme erhitzen, mit einem Spatel gut im Wok verteilen. Wenn das Öl zu rauchen beginnt, Chili-Schoten hineingeben und dunkel werden lassen. Ingwer und Knoblauch zugeben und bräunen.

■ Sobald der Knoblauch leicht angebräunt ist, Chili-Paste einrühren. Schweinehack dazugeben und mit dem Spatel die Fleischklümpchen fein zerdrücken.

■ Wenn das Hack seine rosa Farbe verliert, *Tofu* dazugeben und vorsichtig unterrühren. 2 Minuten mit dem Hack pfannenrühren.

■ Die Fleisch-*Tofu*-Mischung an den Wokrand schieben und die gut umgerührte Sauce in den Wok gießen. Schnell mit der Fleisch-Bohnenquark-Mischung vermengen. Wenn die Sauce andickt und wieder aufkocht, mit Sesamöl würzen. Gut durchmischen. Vom Feuer nehmen, in eine Servierschüssel füllen und mit den Frühlingszwiebelscheiben garniert auftragen.

Ergibt 6—8 Portionen.

Ausgebackene Schweinefleischstreifen mit gewürztem *Tofu* (Bohnenquark)

3 Scheiben gewürzter *Tofu* (siehe Anmerkung)
200 g mageres Schweinefleisch

Marinade:
1 EL Eiweiß
1 TL Maisstärke
1 TL Sesamöl
½ TL heller Essig
½ TL Shao-Hsing-Reiswein oder trockener Sherry
½ TL helle Soja-Sauce
½ TL Zucker
⅛ TL Salz
eine Prise weißer Pfeffer

Sauce:
½ TL Maisstärke
½ TL Zucker
1 TL dunkle Soja-Sauce (salzig)
3 EL Hühnerbrühe
eine Prise weißer Pfeffer
3 Frühlingszwiebeln
2½ Tassen Erdnußöl
1 TL frischer Ingwer, feingehackt
1 TL Knoblauch, feingehackt
1 TL Shao-Hsing-Reiswein und trockener Sherry

■ Gewürzten Bohnenquark erst in dünne Scheiben, diese wiederum in feine Julienne-Streifen schneiden. Eiweiß, Maisstärke, Sesamöl, Essig, Reiswein, helle Soja-Sauce, Zucker, Salz und weißen Pfeffer verrühren. Das Schweinefleisch ebenfalls in feine Streifen schneiden; eine Stunde in der Marinade ziehen lassen. Für die Sauce Maisstärke, Zucker, dunkle Soja-Sauce, Hühnerbrühe und weißen Pfeffer verrühren und bereitstellen.

■ Frühlingszwiebeln säubern und in 4 cm lange Stücke schneiden; die weißen Teile der Länge nach vierteln.

■ Das Erdnußöl im Wok auf 200° C (bis es ganz leicht raucht) erhitzen. Mariniertes Schweinefleisch in ein passendes Metallsieb geben und damit ins heiße Öl tauchen. Das Fleisch fritieren, bis es seine rosa Farbe verliert und die Poren sich schließen (etwa 45 Sekunden bis eine Minute). Aus dem Öl heben, abtropfen lassen. Bis auf 1 EL alles Öl aus dem Wok entfernen.

■ Bei hoher Hitze Ingwer und Knoblauch im Wok anbräunen, dann Frühlingszwiebeln und gewürzten Tofu zugeben, etwa 1½ bis 2 Minuten zusammen pfannenrühren. Schweinefleisch darunter mischen, 1 TL Reiswein zugeben, indem man ihn an der Innenwand des Woks herablaufen läßt. Die Fleisch-Tofu-Mischung an den Wokrand schieben und die Sauce in die Mitte des Woks gießen. Solange rühren, bis die Sauce andickt, noch einmal alle Zutaten gut durchmischen und sofort servieren.

Ergibt vier Portionen.

Anmerkung: In Deutschland ist fertiger gewürzter Tofu kaum erhältlich. Er läßt sich jedoch leicht zu Hause aus frischem Bohnenquark zubereiten: Einen Bohnenquarkkuchen (normalerweise als etwa 12 cm lange Stücke im Handel) in 2 cm dicke Scheiben schneiden. Die Scheiben nebeneinander auf ein mit Wachspapier bedecktes Küchenbrett legen, mit Wachspapier bedecken, darüber ein zweites Küchenbrett legen, auf das ein schwerer Gegenstand (z. B. ein mit Wasser gefüllter großer Topf) gestellt wird. Den Tofu mindestens fünf Stunden (am besten über Nacht) pressen.

Aus einer halben Tasse Soja-Sauce (⅛ l), einer halben Tasse Shao-Hsing-Reiswein (oder trockenem Sherry), einer Tasse Wasser, einem Stück Sternanis und 2 EL Zucker einen Sud herstellen und auf kleiner Flamme 15 Minuten köcheln lassen. Gepreßte Tofuscheiben in den Sud geben und etwa 30 Minuten bei milder Hitze kochen. Abkühlen lassen und nach Bedarf weiterverwenden. (Gewürzter Tofu hält sich einige Zeit im Kühlschrank.)

全是中國好吃的食物

Was da kreucht und fleucht in China

全是中國好吃的食物

Menschen sind Allesfresser — doch die Chinesen werden in dieser Beziehung wohl von niemand übertroffen. Ein Gang über einen der größeren Straßenmärkte wie etwa den von Guangzhou läßt rasch erkennen, daß es so gut wie nichts gibt, das sich nicht fangen, schlachten, kochen und verzehren läßt; es gibt nichts, das nicht Verwendung fände. Nahrungsmittel-Tabus sind ein Luxus, den die Chinesen sich wohl nie leisten konnten. Doch es geht noch weiter; denn die chinesische Küche hat nicht nur Verwendung für alles, sondern verfeinert es geschickt, um es appetitanregend, genießbar und schmackhaft zu machen.
Es ist wohl kein Zufall, daß das chinesische Schriftzeichen für »Heim« ein Schwein unter einem Dach ist, und es kommt wohl auch nicht von ungefähr, daß das Zeichen für »gut« eine Mutter mit Kind ist — die Elementareinheit bei Säugetieren, Urbild für die innigste und unmittelbarste Art des Ernährens.
Es gibt hier eine ganz erdverbundene, unprosaische Lust nach Leben und den Lebensnotwendigkeiten, die sich auch in der von Achtung geprägten Einstellung der Chinesen Tieren gegenüber widerspiegelt.
Man bedenke nur einmal, wie vielfältig die Chinesen sie nutzen: den Yak zum Beispiel als Fleisch- und Milchquelle, als Last- und Zugtier, als Woll- und Lederlieferant — und als Gefährten. Jedes Tier ist Inbegriff des Lebens und Naturereignis, das es zu feiern gilt, auch wenn man es fängt. Wie wir bereits gese-

hen haben, kaufen die Chinesen am liebsten nur etwas, das noch lebt — wie sollte jemand aus freien Stücken einen toten Fisch kaufen wollen? —, und wer ein Huhn an den Füßen an die Lenkstange seines Fahrrades hängt und fürs Abendessen nach Hause fährt, ist sich sehr wohl darüber im klaren, daß das Tier erst geschlachtet werden muß, weiß also um die direkte Verbindung zwischen Nahrung und Lebewesen. Da gibt es keine Supermarkt-Entfremdung, keine Fleischstücke, mit denen man nichts Konkretes mehr verbinden kann. Der getrocknete und geräucherte Schweinekopf starrt einem auf jedem Sichuaneser Markt ins Gesicht. Die plattgedrückte und konservierte Ente ist immer noch als Vogel erkennbar und hat nichts gemein mit einem in Plastik abgepackten Fleischklumpen. Aufgeregt quiekende Schweine werden auf Karren durch die Straßen gefahren — ihr Schicksal ist jedem klar.

In China ist die Nahrungskette durchsichtig geblieben. Es gibt keine verborgenen Kettenglieder, nichts, was vor Kindern und »besseren Leuten« verborgen würde. Die halb-zerlegten Tierkadaver, die an Straßenverkaufsständen vom Haken herunterhängen, mögen weder besonders schön anzusehen noch so sauber sein, wie es wünschenswert wäre; doch sie zeugen eher von Aufrichtigkeit in dieser Sache und davon, daß man mit dem Lauf der Dinge vertraut ist und ihnen nicht aus dem Weg zu gehen versucht.

Daß man Tiere ißt, wird in China auf eine merkwürdige, doch nicht übersehbare Weise weniger »verbrämt« als bei uns. Jeder hat an der unübersehbaren Raubtierwirklichkeit des menschlichen Lebens teil. Keiner hat das Vorrecht, die Augen davor zu verschließen und sich zu entrüsten.

Diese Wasserbüffel hat man in der Nähe des Steinwalds in der Provinz Yunnan zum Grasen auf die abgeernteten Reisfelder getrieben.

Zwei Ferkel auf dem Weg zum freien Markt von Guilin, wo sie verkauft werden sollen. Ein junges Mädchen transportiert sie hinten auf dem Fahrrad. In China ißt man hauptsächlich Schweinefleisch.

Die Grabmäler der Jinjiang-Kaiser aus dem fünfzehnten Jahrhundert liegen keine dreißig Kilometer von Guilin entfernt. Steinbildnisse von Menschen und Tieren sinnen seit Jahrhunderten hier vor sich hin. 1985 wurde dies Gebiet für Besucher freigegeben.

Getrocknete Schweineschwarte in einem Laden in Chengdu. In heißem Öl fritiert, bläht sie sich zu knuspriger Konsistenz auf und findet als Suppeneinlage Verwendung.

In Öl ausgebackene Vögel aus Kunming. Solch extravagante Delikatessen werden nun auf Märkten, die sich noch vor nicht allzu langer Zeit nur auf die gängigsten Grundnahrungsmittel konzentrierten, feilgeboten.

Geröstete Erdnüsse und in Öl ausgebackene Grashüpfer, die als Appetithappen oder kleiner Snack zu Getränken gereicht werden. Die Heuschrecken sind eine Spezialität aus Yunnan und wurden aus einem Sack, der Tausende ihresgleichen enthielt, auf dem Markt von Kunming gekauft.

Getrocknete und flach gepreßte Enten, eine Spezialität aus der Provinz Guangdong. Die Enten werden nicht entbeint und dienen als Grundlage für eine gehaltvolle Suppe.

Enten werden überall in China in verschiedenen Größen, Rassen und Farben gezüchtet. Hier eine Herde von Peking-Enten auf ihrem Schicksalsweg.

Betrunkenes Huhn auf Shanghai-Art

1 schlachtfrisches Huhn, etwa 1½ kg schwer

Marinade:
3 EL Shao-Hsing-Reiswein
1½ TL Salz
¼ TL weißer Pfeffer
2 EL Hühnerbrühe

■ Huhn waschen, von Fett und inneren Häuten befreien. In einen großen Topf geben, mit Wasser bedecken und auf großer Flamme zum Kochen bringen.

■ Hitze reduzieren, das Huhn im Topf bei leicht geöffnetem Deckel 30 Minuten sanft simmern lassen. Hitze abstellen.

■ Huhn herausnehmen, abtropfen und abkühlen lassen.

■ Huhn in etwa 5 x 3 cm große Stücke hacken (mit Haut und Knochen) und auf einem Servierteller anrichten.

■ Marinade über die Hühnerstücke gießen und bei Zimmertemperatur 1 Stunde ziehen lassen, dann servieren.

Ergibt 4—6 Portionen.

Rindfleisch auf Peking-Art

500 g Rindfleisch zum Kurzbraten, am besten Filet oder Rumpsteak, in 5 × 1 cm dünne Streifen geschnitten

Marinade:
1 Eiweiß, geschlagen
1½ TL Shao-Hsing-Reiswein
1 TL dunkle Soja-Sauce
2 TL Maisstärke
2 TL Erdnußöl
1 Prise weißer Pfeffer

1 l Erdnußöl
1 TL frischer Ingwer, feingehackt
2 Bund Frühlingszwiebeln, geputzt und in 5-cm-Stücke geschnitten

Sauce:
1½ TL Zucker
1½ TL Shao-Hsing-Reiswein
1 TL heller Essig
1 EL dunkle Soja-Sauce
1 EL helle Soja-Sauce
1 EL Hoisin-Sauce
¼ TL Salz
1 Prise weißer Pfeffer
2 TL Maisstärke
3 EL Hühnerbrühe

1 TL Sesamöl

■ Rindfleischstreifen ½ Stunde im Kühlschrank in der Marinade ziehen lassen.

■ Erdnußöl im Wok auf 190° C, oder bis es raucht, erhitzen. Rindfleisch hineingeben und rühren, damit sich die Fleischscheiben voneinander trennen.

■ Wenn das Fleisch seine rosa Farbe verliert, mit dem Schaumlöffel aus dem Öl nehmen und abtropfen lassen. Bis auf 2 EL alles Öl aus dem Wok abgießen, zur Wiederverwendung aufbewahren. Öl im Wok auf großer Flamme erhitzen, Ingwer und Frühlingszwiebeln zugeben und 10 Sekunden pfannenrühren.

■ Rindfleisch zum Ingwer und zu den Frühlingszwiebeln in den Wok geben und umrühren. In die Fleisch-Zwiebel-Mischung eine Vertiefung machen, die Sauce hineinrühren. Gut pfannenrühren, bis die Sauce andickt und dunkel-glasig wird, dann mit Sesamöl würzen, unterrühren und sofort servieren.

Ergibt 4—6 Portionen.

Marinierte Spareribs

1½ kg Schälrippen (Spareribs), ohne Fett und Bauchlappen

Marinade:
2 EL Austern-Sauce
3 EL Hoisin-Sauce
3 EL helle Soja-Sauce
2 EL dunkle Soja-Sauce
2 EL Honig
1½ EL guter Weinbrand oder Blended Whiskey (dem Originalgeschmack kommen chinesische Schnäpse wie Kao Liang oder Mei Kuei Lu bzw. Reiswein näher)
¾ TL Salz
1 Prise weißer Pfeffer

■ Alle Zutaten für die Marinade gut in einer Schüssel verrühren. Mit einem scharfen Messer die Spareribs leicht einritzen und die Marinade gut in das Fleisch einreiben. Die Schälrippen in einen mit Alufolie ausgelegten Bräter legen und 4 Stunden marinieren lassen. (Man kann die Spareribs auch über Nacht im Kühlschrank marinieren; sie müssen aber vor dem Braten wieder auf Zimmertemperatur erwärmt sein.) Einen großen Bräter mit Aluminiumfolie auslegen, die Spareribs aus der Marinade nehmen und nebeneinander hineinlegen.

■ Backröhre 15—20 Minuten auf 190° C vorheizen. Das Rippenstück je nach Stärke 30—50 Minuten braten. Dabei häufig wenden und mehrmals mit der Marinade einpinseln. Wenn die Marinade zu stark verdampft, kann etwas Wasser hinzugefügt werden. Vor dem Servieren die Rippen in Stücke schneiden.

Ergibt 4—6 Portionen.

Getrocknete Enten und Entenschlegel in einem südchinesischen Laden. Trocknen ist eine der beliebtesten Konservierungsarten in China.

Dieses Huhn wurde vor dem Braten in Reispapier gewickelt und dann vollständig in Salz begraben und gegart. Das Fleisch wird davon nicht salzig — diese Art von Umhüllung intensiviert nur das typische Aroma des Huhns.

Kebab und Schaschlik, Spezialitäten der in Nordwestchina heimischen Moslems.

Ein Spanferkel — ein typisches Festessen — auf einer Hochzeit in Südchina. Das Foto wurde in Guangzhou aufgenommen. Die Farbe Rot ist in China Symbol für Glück.

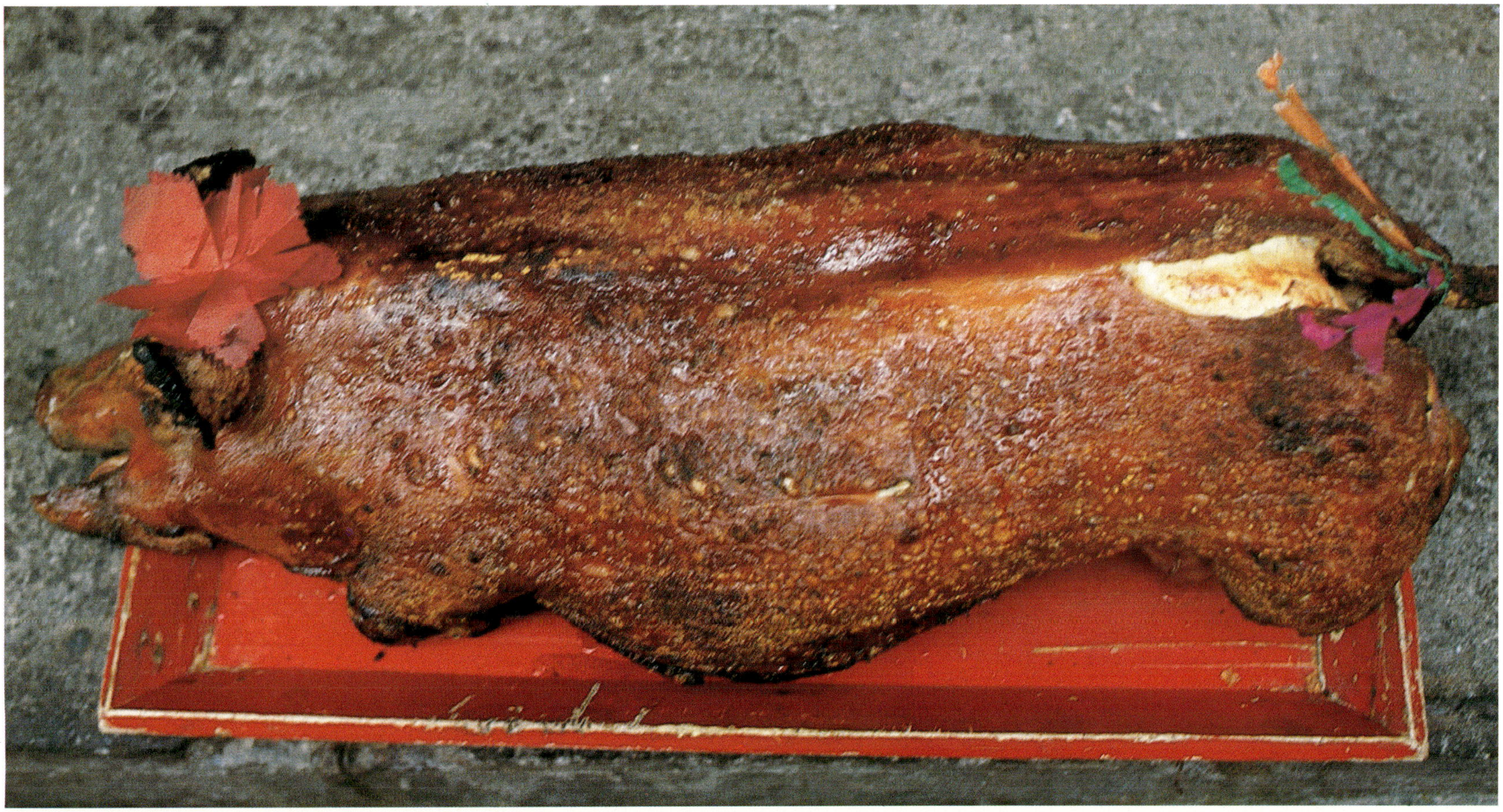

Die berühmte Peking-Ente. Sie wird den Gästen an den Tisch gebracht, wo der Kellner zuerst die knusprige Haut, dann das Fleisch vom Gerippe schneidet. Die Knochen werden in die Küche zurückgetragen, wo eine Suppe daraus gekocht wird.

Beilagen, die unbedingt zur Peking-Ente gehören, sind chinesische Pfannkuchen, eine dicke, süße Sauce aus Sojabohnen und Frühlingszwiebeln, die in China besonders kräftig zu schmecken scheinen.

Man tut ein Stück Entenhaut oder -fleisch oder beides, einen Schuß Sauce und ein Stück Zwiebel auf einen Pfannkuchen …

… rollt ihn zusammen — und ißt ihn.

Diese geräucherten Enten wurden auf dem Markt von Kunming verkauft, sind aber eine Spezialität aus Chongqing in der Provinz Sichuan. Die Männer, die diese etwas makaber anmutenden Vögel anboten, hatten eine 26stündige Eisenbahnfahrt über 1100 km hinter sich, um sie als Spezialität an ein aufnahmebereites Publikum zu verkaufen.

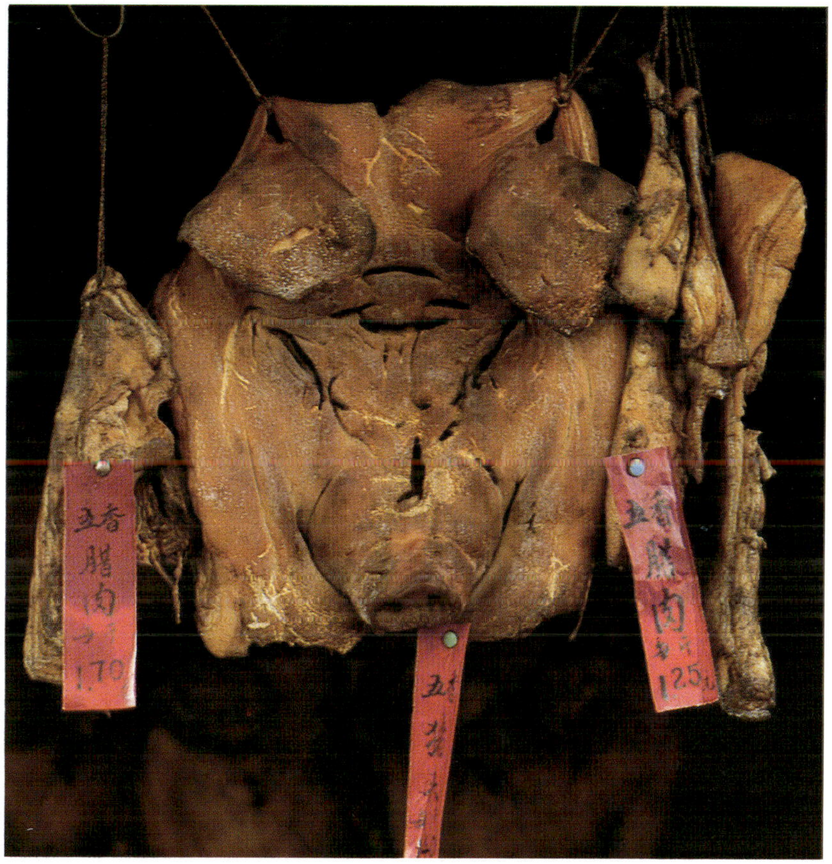

Ein flachgepreßter, getrockneter und geräucherter Schweinekopf, wie wir ihn nur in der Gegend von Chengdu in Sichuan sahen. Vor dem Räuchern werden die Schweineköpfe manchmal mit einer marmeladeähnlichen Sauce eingerieben.

全是中國好的飲料

Alles, was in China im Wasser schwimmt

全是中國好的飲料

Hätte die Natur Gefühle — was würde sie wohl empfinden und wie auf das reagieren, was wir Menschen ihr angetan haben? Und wie angesichts menschlicher Wunderwerke wie den Pyramiden, dem dreiundachtzig Stockwerke hohen Staudamm der Iguacu-Wasserfälle an der Grenze zwischen Brasilien und Paraguay oder dem Eiffelturm? Ich stelle diese Fragen, weil ich mich, als ich den Großen Buddha von Leshan eines frühen Morgens aus dem Dunst auftauchen sah, der über dem Fluß lag, unwillkürlich fragte, wie wohl die Flüsse reagiert haben mögen, die zu bändigen er vor über tausend Jahren errichtet wurde — weil die Menschen hofften, der Buddha würde die gefährlich dahinrauschenden Wassermassen sicherer machen und dafür sorgen, daß es darin von Fischen wimmelte. Ich stelle diese Fragen, weil ich trotz unzähliger anderer beeindruckender Reiseerlebnisse ungeheuer aufgeregt war, als ich diesen Buddha zum erstenmal zu sehen bekam. Hoch da oben war sein erhaben-entrücktes Antlitz. Welche Wirkung übte es auf mächtig brodelndes Wasser und auf Fische aus? Vermutlich keine auf das Wasser und auf die Fische, eine sehr nachhaltige jedoch auf diejenigen, die es geschaffen haben, und auf diejenigen, die jetzt kommen, um ihm einen Besuch abzustatten. Der Große Buddha von Leshan bringt unmißverständlich zum Ausdruck, welche Bedeutung die Flüsse und Wasser in China haben und wie tief und kompliziert die Beziehung zwischen Wasser und Mensch ist. Nicht weit von dem hochragenden Steinbild befindet sich das Bewässerungssystem von Dujiangyan, das es seit 250 vor Christus gibt und zu den ältesten in China überhaupt gehört, ein Meisterwerk der Wasserbaukunst, das dazu beigetragen hat, die umliegenden Täler zu einer der fruchtbarsten Regionen Chinas zu machen.

Gemessen an der Zeitskala der Neuen Welt ist das imponierend und erleichtert uns zudem den Zugang zu der uralten Wassernutzung überhaupt. Einer der Gründe, warum im Wasser lebende Tiere so bizarre, nachtmahrähnliche Geschöpfe zu sein scheinen, ist doch darin zu sehen, daß sie einfach so primitiv sind, so unendlich weit entfernt von unserer eigenen Evolution, daß es uns schwer fällt, ihnen das gleiche Mitgefühl entgegenzubringen wie etwa einem Reh oder irgendeinem felltragenden Säugetier mit Armen und Beinen wie wir. Wie unwahrscheinlich zum Beispiel sehen Krustentiere aus — man denke nur an den Hummer mit seinem Panzer! Gleichwohl haben Menschen es von jeher vorgezogen, in der Nähe des Wassers zu leben, und wir genießen es ja auch weiterhin — jeden Sommer zieht es uns überall in Massen an den Strand, geben wir Geld aus und pfeifen auf das Alleinsein, bloß um am Meer zu sein. Außerdem verspeisen wir mit Genuß alles, was im Wasser lebt.
Die Chinesen bilden da keine Ausnahme und essen mit Vergnügen alles, was sie aus dem Meer, aus Flüssen und Seen herausholen können. Sie kochen alles, was sich kochen läßt, auf jede nur denkbare Weise; vor allem aber garen sie mit Hilfe von Dampf und verfeinern das dergestalt Gegarte mit Hilfe von Saucen und allen möglichen Garnierungen — so kommt es zustande, daß auf den Speisekarten mancher Restaurants vier- oder fünfhundert verschiedene Gerichte aufgeführt werden. Wie bereits gesagt, kaufen die Chinesen am liebsten lebendfrischen Fisch — für den häufig das Zehnfache dessen verlangt wird, was man für bereits toten Fisch bezahlen muß; oder sie kaufen ihn getrocknet und vielleicht eingesalzen, also nach jener Konservierungsmethode behandelt, die vor dem Kühlschrank gang

und gäbe war. Und wen wundert es, daß es bei der chinesischen Begeisterung für alles springlebendige Meeresgetier auf den Märkten so manchen gibt, der stolz ist auf irgendeine Technik, einen Fisch durch Anstoßen, Zwicken oder Erschrecken dazu zu bringen, durch eine heftige Reaktion seine Frische und gute Gesundheit zu bekunden. Die Fische oder Krebse, die noch besonders lebendig sind, ahnen ja nicht, wie schlecht es ihnen vergolten wird, wenn sie zeigen, wieviel Energie noch in ihnen steckt; sehen sie auch noch gut aus, müssen sie unweigerlich als erste dran glauben.
Die Bewässerung der Felder hat verständlicherweise tiefe Auswirkungen auf China gehabt, und zwar zum Teil deswegen, weil alle das Wasser miteinander teilen mußten und deshalb der eigene Bauernhof nie ganz Alleinbesitz war; dies ist wohl die Grundlage für den ausgeprägten chinesischen Gemeinsinn und das offenkundige Bedürfnis nach einem übergeordneten Verwaltungssystem. Aber das Wasser ist auch wegen seiner eigenen Fruchtbarkeit gezähmt worden, nicht nur um der Bewässerung willen. Neben der chinesischen Fischzucht (oder Aquakultur) verblassen die relativ unbedeutenden und hilflosen Versuche in Europa und in den Vereinigten Staaten, die das Frischfisch-Problem vornehmlich mit Tiefkühltechnik lösen und nicht mit der Bewirtschaftung der Teiche in der Nachbarschaft. Die »Insassen« der chinesischen Fischteiche wurden besonders auf rasches Wachstum und auf weitgehende Grätenfreiheit hin gezüchtet; manche Karpfen sind so groß und haben so kleine Gräten, daß es wie ein Wunder anmutet, daß sie so leben können.
So eine Fischzucht hat etwas Faszinierendes, ist eine so geheimnisvolle und lärmfreie Art von Produktionsstätte. Was soll das Fließband da unten eigentlich? Schließlich, beim Abendessen, kommen wir dahinter. Zum Beispiel bei dem wunderbar aussehenden Gericht mit dem Namen Chrysanthemen-Fisch, den wir nach einem Spezialitäten-Essen in dem ausgezeichneten Dongfeng-Restaurant in Chengdu vorgesetzt bekamen: ein plumper Fisch, dergestalt zurechtgebogen und dem Anschein nach auch noch beschnitten, daß er einer Blume glich ... einer Blume, die in einer komplizierten, nach Zitrone schmeckenden, leicht scharfen Sauce schwamm.

Natürlicher Fischfang mit einem kleinen, aber wesentlichen Trick. Die Kormorane tragen ein Band um den Hals, das sie daran hindert, den Fisch, den zu fangen man sie abgerichtet hat, hinunterzuschlukken. Die Abrichtung eines Kormorans kann drei bis fünf Jahre dauern; ein Vogel kann leicht eine Familie und mehr Menschen ernähren. Er kann pro Tag zwanzig bis dreißig Pfund Fisch fangen. Manchmal bergen zwei Vögel gemeinsam einen Fisch, der für einen von ihnen zu schwer ist.

Kormorane kosten mehr als Wasserbüffel und werden bis zu fünfundzwanzig Jahre alt. Schon auf Bildern aus der Tang-Dynastie im siebten nachchristlichen Jahrhundert ist diese Art des Fischfangs belegt.

Flußgarnelen zum Abendessen. Die Netze werden in den Schlamm hineingestoßen, geschüttelt und mitsamt der Beute wieder hochgeholt.

Fischfang auf dem Taihu-See in der Nähe von Wuxi. Die Fischer müssen abwarten, bis die Fische in ihr verzwicktes System von Netzen hineinschwimmen.

Netze und Boote auf dem Taihu-See.

Der Große Buddha von Leshan. Es handelt sich um den größten sitzenden Buddha der Welt. Eine ganze Fußballmannschaft hat auf seiner großen Zehe Platz. Errichtet wurde er, um Fischer und Reisende vor den Wassermassen zu beschützen, die hier brodelnd aus drei Flüssen zusammenkommen.

Eine endlose Fischteich-Landschaft in der Nähe von Suzhou. Die Teiche sind gleichzeitig Wasser-»Straßen«, die von Booten benutzt werden, um Waren und Reisende zu transportieren. Von Menschenhand geschaffene Fischteiche sichern die Versorgung des Landesinneren mit Frischfisch. Die Fischer können einen solchen Weiher mit Hilfe eines einzigen Riesennetzes abfischen.

Getrocknete Tintenfische
in einem Laden in Südchina.

Mit Strohhalmen gefesselte Krabben auf einem Markt. Wenn sie gekocht werden, schlägt ihre Farbe von schwärzlich-grün in ein leuchtendes Orange um.

Noch einmal Tintenfische,
in Guangzhou.

Ein Fischteich bei Wuxi
in der Provinz Jiangsu wird
abgefischt.

Typisch für den Süden
Chinas: getrockneter Fisch.

Fische aus Shanghai.

Aale werden häufig in Öl fritiert und mit einer leicht süßlichen Sauce serviert.

Diese winzigen Fische sind eine Spezialität aus dem Taihu-See in der Provinz Jiangsu.

Ein luxuriöses Stilleben aus getrockneten Meeresspezialitäten — Haifischflossen, Herzmuscheln, Abalone, Tintenfisch und Fischmagen. Eine Abalonemuschel kann umgerechnet bis zu vierzig, fünfzig Mark kosten.

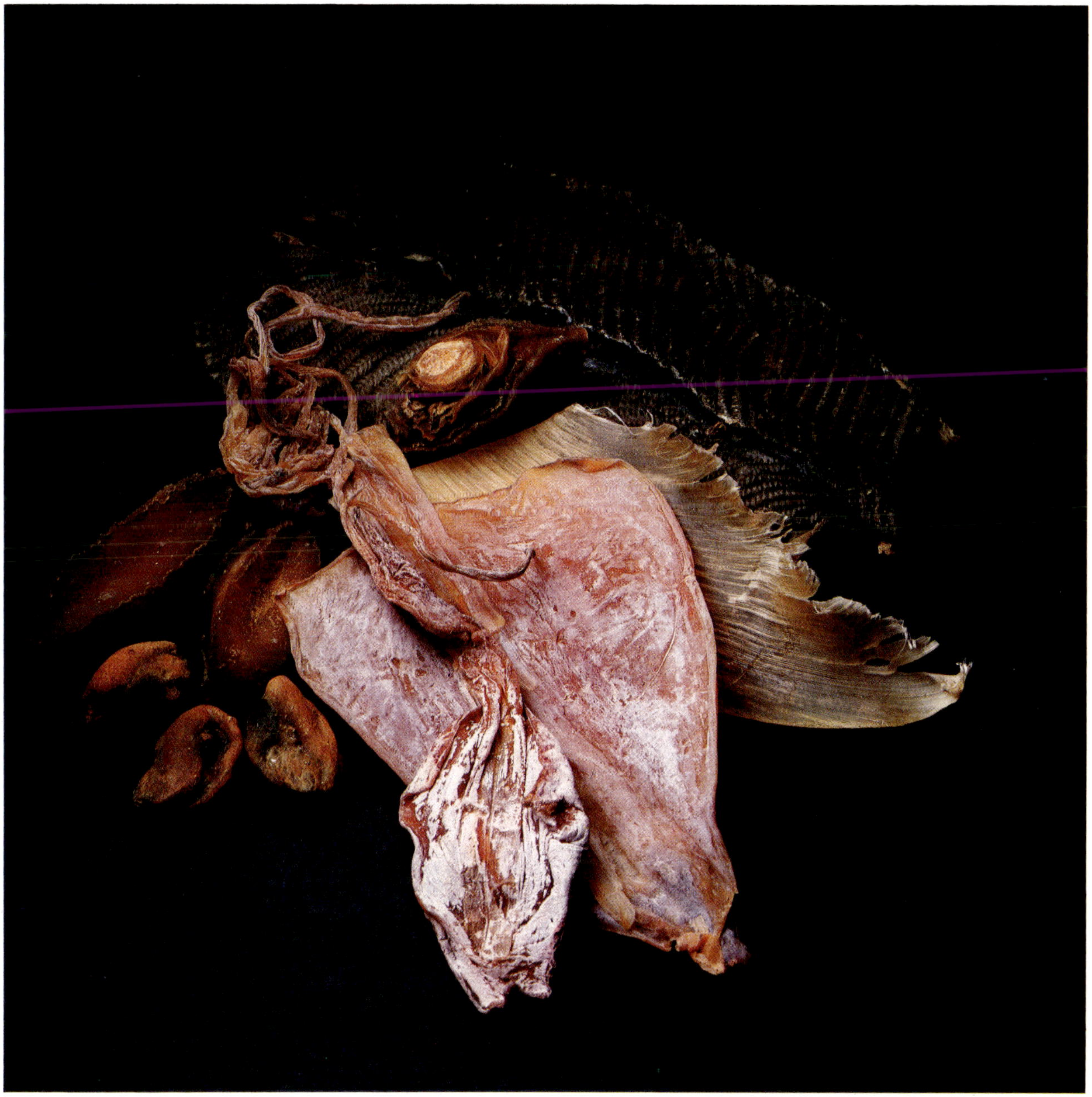

Seegurke und Abalone — hier in getrocknetem Zustand — kommen nur bei besonderen Festessen auf den Tisch.

Süß-saurer knuspriger Fisch auf Peking-Art

Dieses typische Peking-Gericht vereinigt in sich Süßes und Saures, eine Mischung, die im Norden Chinas sehr beliebt ist. Man kann dazu Seebarsch, Goldbrasse oder Plattfische wie Flunder, Scholle oder Seezunge verwenden. Ihr festes Fleisch bildet einen angenehmen Kontrast zur samtigen Sauce.

1 frischer Fisch, etwa 1 kg schwer

Marinade:
1½ EL Weißwein
1 TL Salz
1 TL heller Essig
1 Prise weißer Pfeffer

2 EL Pinienkerne
1½ l Erdnußöl
1 Ei, geschlagen
100 g Maisstärke
3 Frühlingszwiebeln, in ½ cm große Würfelchen geschnitten
2 TL frischer Ingwer, feingehackt
2 TL Knoblauch, feingehackt

Sauce:
5½ EL Zucker
5½ EL Rotweinessig
¼ TL Salz
3 EL Ketchup
1½ TL dunkle Soja-Sauce
1 TL Sesamöl
3 EL Maisstärke
1 TL Shao-Hsing-Reiswein oder Sherry
1 Prise weißer Pfeffer
0,2 l Hühnerbrühe

2 Frühlingszwiebeln, geputzt und in feine Scheiben geschnitten
10 Stengel frische Korianderblätter

■ Den Fisch (falls nötig) schuppen und ausnehmen, abtrocknen. 4 Einschnitte auf jeder Seite machen. Marinade über den Fisch gießen, gleichmäßig verteilen und 15 Minuten einziehen lassen.

■ Wok über großer Flamme 1 Minute lang heiß werden lassen, Erdnußöl hineingeben und erhitzen, bis es leicht raucht. Pinienkerne in ein Metallsieb legen, in das heiße Öl tauchen und 10 Sekunden fritieren. Herausnehmen und abtropfen lassen.

■ Maisstärke in eine flache Schüssel oder auf einen Bogen Wachspapier schütten. Den Fisch in das geschlagene Ei tauchen, mit der Maisstärke überziehen (auch die seitlichen Einschnitte). Überschüssige Maisstärke abschütteln.

■ Öl auf großer Flamme wieder erhitzen, bis es leicht raucht. Fisch in ein flaches (chinesisches) Drahtsieb legen und in das heiße Öl tauchen. 10 Minuten fritieren, bis der Fisch braun gebraten ist. Ist der Fisch sehr groß, Kopf und Schwanz extra ins Öl tauchen, damit sie gar werden, bzw. mit einem Schöpflöffel heißes Öl darüber gießen. Wenn der Fisch braun und knusprig ist, herausnehmen und im Sieb in eine Schüssel abtropfen lassen.

■ Öl aus dem Wok gießen, den Wok mit einem Papierhandtuch sauberwischen. 2 EL Öl in den Wok zurückgießen und erhitzen. Die gewürfelten Frühlingszwiebeln hineingeben, 4—5 Minuten pfannenrühren, bis sie goldbraun sind. Die Sauce gut umrühren und in den Wok gießen, mit allen Zutaten gut vermischen, aufkochen und andicken lassen.

■ Den Fisch auf eine vorgewärmte Platte legen, die Sauce darüber gießen. Pinienkerne und Frühlingszwiebelscheiben darüber streuen, mit Koriander garnieren und sofort auftragen.

Ergibt 6—8 Portionen.

Garnelen auf Sichuan-Art

500 g mittelgroße Garnelen
100 g Schalotten, in kleine Würfel geschnitten
1—2 frische Chilischoten, in dünne Ringe geschnitten
1 grüne Paprikaschote, in kleine Würfel geschnitten
1 rote Paprikaschote, in kleine Würfel geschnitten
4 Knoblauchzehen, feingehackt
1 EL braune Bohnensauce
1 EL Weißwein

Sauce:
2 EL Ketchup
$^3/_4$ TL Salz
2 TL Zucker
1 TL heller Essig
1 Prise weißer Pfeffer
1 TL Sesamöl
$1^1/_2$ TL Maisstärke
2 EL Hühnerbrühe

$4^1/_2$ EL Erdnußöl
10 Salatblätter (am besten vom Römischen Salat)

■ Garnelen schälen, die Därme entfernen, gut abtrocknen und in mundgerechte Stücke schneiden. Salatblätter waschen und abtrocknen.

■ Den Wok auf großer Flamme 1 Minute lang erhitzen, $1^1/_2$ EL Erdnußöl hineingeben und gut verteilen. Die Paprika- und Chilischoten 1 Minute lang pfannenrühren, dann herausnehmen. Wok und Rührspatel vom Öl säubern.

■ Den Wok wieder erhitzen und 3 EL Erdnußöl hineingeben. Schalotten 30 Sekunden lang bräunen lassen, dann gehackten Knoblauch zugeben und 1 Minute zusammen pfannenrühren.

■ Die braune Bohnensauce dazugeben, gut vermischen. Die Garnelenstücke gleichmäßig in einer Lage verteilen. Wenn sie sich rosa verfärben, wenden. Weißwein den Wokrand entlang zugießen, gut unterrühren.

■ Die Paprika- und Chilischoten dazugeben und unterrühren. In die Mitte der Garnelen-Gemüse-Mischung eine Vertiefung machen, die Sauce gut durchrühren und hineingießen. Aufkochen lassen und untermischen.

■ Garnelen-Gemüse-Mischung auf die Salatblätter verteilen, die Blätter um die Mischung schließen und sofort servieren.

Ergibt 4—6 Portionen.

Würzige Jakobsmuscheln auf Heng-Yang-Art

500 g Jakobsmuscheln, in Scheiben geschnitten
½ rote Paprikaschote, gewürfelt
½ grüne Paprikaschote, gewürfelt
6 Wasserkastanien, in Scheiben geschnitten
1½ TL Wolkenohr-Pilze (chinesische Morcheln), ½ Stunde in heißem Wasser eingeweicht
3 EL gehackte Frühlingszwiebeln
1 TL frischer Ingwer, feingehackt
½ TL Knoblauch, feingehackt
½ l Erdnußöl

Sauce:
3 EL Soja-Sauce
⅛ TL weißer Pfeffer
1 TL Zucker
½ TL Salz
2 EL Shao-Hsing-Reiswein
1 TL Essig
4 EL Hühnerbrühe
½ TL Chili-Paste
1 TL Hoisin-Sauce
1 TL Sesamöl
1 TL Maisstärke, mit 2 TL Wasser vermischt

■ Wok vorheizen, Öl hineingeben, auf 180° C erhitzen. Jakobsmuscheln, Paprikaschoten, Wasserkastanien und Wolkenohr-Pilze in das heiße Öl geben und 2 Minuten lang pfannenrühren. Die Zutaten aus dem Öl nehmen, abtropfen lassen. Öl bis auf 3 EL aus dem Wok abschütten.

■ Öl auf großer Flamme wieder erhitzen. Knoblauch, Ingwer und Frühlingszwiebeln hineingeben. Einige Male pfannenrühren, dann die Sauce zugießen, aufkochen lassen. Die Jakobsmuscheln und das Gemüse zugeben, wieder aufkochen lassen. Die in Wasser aufgelöste Maisstärke kurz umrühren, dann langsam in den Wok gießen, dabei ständig umrühren, bis die Sauce angedickt ist.

Ergibt 2 Portionen.

Pfannengerührte Garnelen auf Peking-Art

500 g große Garnelen
3 EL Erdnußöl
1 EL frischer Ingwer, feingehackt
1½ TL Knoblauch, feingehackt
1 EL Shao-Hsing-Reiswein

Sauce:
2 TL Zucker
½ TL Salz
1 TL heller Essig
1 TL dunkle Soja-Sauce
2 EL Ketchup
1½ TL Maisstärke
1 Prise weißer Pfeffer
0,3 l Hühnerbrühe

1 EL Sesamöl
2 EL Lauch, feingeschnitten (nur der weiße Teil)

■ Mit einer kleinen, spitzen Schere die Garnelenschalen am Rücken entlang aufschneiden. Den Einschnitt unter fließendem Wasser mit den Fingern leicht erweitern und den dunklen Darm entfernen. Die Garnelen abtropfen lassen, gut abtrocknen und quer in 2 Teile schneiden.

■ Den Wok auf großer Flamme erhitzen, Erdnußöl hineingeben und mit dem Spatel gleichmäßig verteilen. Wenn das Öl leicht raucht, Ingwer und Knoblauch hineingeben.

■ Wenn der Knoblauch zu bräunen anfängt, die Garnelen dazugeben und in einer Lage verteilen. Den Wok über der Flamme schwenken, damit die Garnelen gleichmäßig garen. Wenn sie auf einer Seite rosa Farbe angenommen haben, wenden, auf der anderen Seite garen lassen, mit Ingwer und Knoblauch vermischen.

■ Wein am Wokrand entlang eingießen und unterrühren. Die Garnelen an den Wokrand schieben und die umgerührte Sauce in die entstandene Vertiefung gießen. Gut mischen. Wenn die Sauce andickt, Sesamöl und Lauch zugeben. Gut durchrühren, vom Feuer nehmen und sofort servieren.

Ergibt 4—6 Portionen.

Ein gebratener Fisch aus Suzhou. Die Sauce besteht aus Soja-Sauce und Essig.

Tintenfisch in Öl gebraten. Tintenfisch, auf unterschiedliche Weise gegart und zubereitet, ist ein in ganz China sehr beliebtes Gericht. Fast immer schneidet man ihn in diesem ungewöhnlichen Muster ein.

醫藥食物

Essen mit Heilwirkung

醫藥食物

Während manche Europäer oder Amerikaner es als Zeichen besonderer Männlichkeit empfinden, wenn ein Hirschkopf mit mächtigem Geweih an ihrer Zimmerwand prangt, erhoffen viele Chinesen sich offensichtlich Kraft und Potenz vom Genuß zermahlenen Hirschhorns oder Geweihextrakten. Dies ist ein wesentlicher und besonders folgerichtiger Aspekt der chinesischen Ernährung: die Verwendung von Essen, als wäre es Medizin, die Einnahme von Medizin, als wäre es Essen.
Dabei handelt es sich um eine hochkomplizierte Angelegenheit, zu der eingehende Kenntnisse in der Botanik und Physiologie ebenso gehören wie ein tiefes Verständnis für die große Rolle, die die Heilkräutermedizin und die damit verbundenen Künste und Wissenschaften seit jeher in der medizinischen Praxis des chinesischen Volkes gespielt haben. Wie soll ein Unkundiger und Uneingeweihter die Bedeutung einer Liste von Spezialitäten verstehen, die mit größter Selbstverständlichkeit in einer Sichuaner Apotheke aushängt: »Raupenpilz, Gastrodia-Knolle, Eucommia-Rinde, Zwiebel der Kaiserkrone, Coptis, Chuanziong-Rhizom, Tremella, Ginseng, Hirschhorn aus Nordost-China, Pseudo-Ginseng, Codonopsis-Wurzel (Dangshen), Chinesisches Engelwurz, Poris cocoa, Cemdiobii minima und Perlen, außerdem angefertigte Arzneien, Stärkungsmittel und Heiltränke.«

Wirkt sich der Verzehr unterschiedlicher Mengen von derlei Substanzen sowie die Meidung anderer ähnlich aus wie der im Westen verbreitete Glaube an die Bedeutung der Vitamine C und

D, die Gefahren von Cholesterol sowie an die Wirksamkeit von Ballaststoffen und das Weglassen von Speisen, deren Hauptkaloriengehalt vom Zucker bestimmt wird? Handelt es sich um eine Medizin ähnlich der Akupunktur, die ja zu funktionieren scheint, — und zwar aus Gründen, die westlichen Wissenschaftlern noch nicht vollständig klar sind? All dies muß auf einer soliden empirischen Grundlage beruhen, denn schließlich haben sich diese Methoden über zweitausend Jahre gehalten; man darf also davon ausgehen, daß zwischen Anwendung und Wirksamkeit eine gewisse Verbindung besteht, sie sich mit anderen Worten bewährt hat. Es stimmt, daß die Lebenserwartung des chinesischen Volkes sich seit der Befreiung im Jahre 1949 aufsehenerregend erhöht hat — um fast dreißig Jahre; das mag zum Teil oder weitgehend auf die Anwendung westlicher medizinischer Techniken zurückzuführen sein, auf die bessere Kontrolle ansteckender Krankheiten, auf die schnellere und wirksamere Behandlung von Kinderkrankheiten und so weiter.

Trotzdem hält sich in China in der Bevölkerung ganz allgemein bei besonderen Arten von Krankheiten ein unerschütterlicher Glaube an traditionelle Formen der Heilkunst. Ungeachtet der von ihr verkündeten »Vier Modernisierungen« fördert die chinesische Regierung aktiv nicht nur die Aufzeichnung traditioneller Heilpraktiken, sondern dort, wo ihre Anwendung angemessen erscheint, auch ihre Ausweitung. Man wird die chinesische Küche nie ganz verstehen, wenn man nicht begreift, welche Beziehung besteht zwischen bestimmten Speisen und einem Sich-zunehmend-besser-Fühlen oder Gesunden, nachdem man sich vorher schlecht gefühlt hat.

Eine Ahnung von der Verbindung zwischen Essen und Medizin bekommt der Reisende, wenn er einen Blick in die Rezeptur einer chinesischen Apotheke wirft, die eher aussieht wie eine Küche: das Personal trägt Hauben ähnlich den Kochmützen im Westen, und die »Ingredienzien« eines bestimmten Heilmittels stehen genauso um sie herum wie Schüsseln und Schalen in einer chinesischen Küche, die erst kurz vor dem Servieren zu einem Gericht zusammengestellt werden. Den gleichen Eindruck hatte ich in einer Shanghaier Fabrik, die Fischkonserven für den Export herstellte, aber auch Lebertran sowie Vitamine aus Fischöl gewann. Die Apothekersleute fanden es völlig einleuchtend, daß eine direkte Beziehung besteht zwischen der Gesundheit und dem, was die Menschen zu sich nehmen. Und in der Tat, die goldenen Glyzerinpillen, die in der Nähe eines sonnigen Fensters auf dem Arbeitstisch lagen, sahen genauso aus wie die riesigen kalifornischen Kaviarkügelchen, die so überaus hoch geschätzt werden von Leuten, denen Kaviar nicht einfach nur gut schmeckt, sondern die ihn auch noch in besonders verlockenden Formen suchen.

Ganz gewiß leistet die Rolle, die die Natur in der chinesischen Weltanschauung spielt, dem Glauben an die Wirkung der Heilkräuter sowie an andere traditionelle Heilmittel Vorschub. Das erinnert mich an ein unscheinbares, doch überaus aufschlußreiches Erlebnis, das ich auf dem Markt von Leshan hatte, wo ich mich erkundigte, was es denn mit jenen Blinden auf sich habe, die man in ein Etablissement führte, das aussah wie ein Laden — woraufhin man mir zur Auskunft gab, sie arbeiteten als Masseure! Wenn man so will, eine Form von Karate nach dem Motto: Nutze deine Schwäche, um einen Vorteil daraus zu ziehen! Ähnlich hilft natürliches Essen dem Menschen, geistige »Hitze« und »Kühle« im Gleichgewicht zu halten. So ist es möglich, Essen als eine Art Gegengift zu betrachten oder gleichsam vorbeugend zu essen, um dem Aufkommen von bestimmten Krankheiten oder Problemen entgegenzuwirken. Keine Speise ist nur die Speise, die sie ist.

天津市
第六中药厂

Heilmittel werden jeden Morgen nach dem Rezept des Arztes frisch zubereitet. Die weißgekleideten Apothekerinnen mischen die Heilmittel so, wie ein Koch das Essen zubereitet: jeden Tag frisch und genau nach Rezept. Es kommt vor, daß das Rezept sich von Tag zu Tag ändert.

Ältere Chinesen trinken in ein Cocktailglas abgefülltes Schlangenblut; Schlangenblut gilt als potenzstärkend.

Eine Mischung von Heilkräutern in einer Beijinger Apotheke.

Zwei verschiedene Pflanzen, wie sie hier zusammen abgebildet sind, sollen »Magenschädlingen« zu Leibe rücken.

Die Waren eines Kräuterhändlers auf einem freien Markt in Kunming in der Provinz Yunnan. Das gerahmte Schriftstück ist eine Verkaufslizenz.

Fabrikmäßig hergestellte, in Plastik verschweißte Gesundheits-Suppen. Ihre Herstellung erfordert in der Fabrik mehrere Stunden, ihre Zubereitung daheim etwa dreißig Minuten. Zutaten: Imperatac, Zuckerrohr, Karotten- und Wassernußscheiben. Auf der Pakkung heißt es: »Eine ideale Suppenmischung, bekömmlich für jedes Alter, *et. al.*«

Blätter der Wasserkastanie, wie sie auf dem Taihu-See angebaut wird. Dieses Gemüse gilt als sehr heilkräftig, insbesondere wirksam bei Erkrankungen der Lunge und bei hohem Blutdruck.

Hirsch, dem vor einem Monat das Geweih abgenommen wurde. Großer Wertschätzung erfreuen sich die Geweihe von Junghirschen; sie gelten als besonders wirksam.

Hirschgeweihe in einer Hirsch-Farm in der Nähe von Beijing. Einmal pro Jahr werden den Tieren ihre Geweihe abgenommen und diese an der Luft getrocknet. In den Apotheken kann man dann hauchdünne Hirschhornscheiben kaufen. Die Geweihe werden aber auch gekocht, und die Hirschhornessenz wird in Pillen- oder Tropfenform verkauft.

Hauchdünne Scheiben von Hirschgeweih. Sie sind sehr teuer und gelten als lebensverlängernd — Hirsche sollen die einzigen Tiere sein, denen es gelingt, den heiligen Pilz der Unsterblichkeit zu finden. Hirschhorn soll überdies die Potenz des Mannes steigern und die Brüste der Frau kräftigen.

到市場去

Zum Markt, zum Markt

到市場去

Der Zoo von Chengdu rühmt sich, zehn Riesen-Panda-Bären und damit die größte Gruppe dieser seltenen Tiere auf der ganzen Welt zu besitzen, und die meisten Besucher lassen es sich nicht nehmen, diesem Gehege einen Besuch abzustatten. Der Grund für das weltweite Interesse an diesen Tieren leuchtet sofort ein; ihre Gesichter haben einfach etwas Rührendes, ebenso ihre tapsigen Bewegungen, ihre kuscheligen Leiber und selbstverständlich ihr Schicksal, die Verkörperung eines archetypischen Spielzeugs zu sein. Riesen-Pandas gehören einer vom Aussterben bedrohten Art an, und zwar aus zwei Gründen: einmal, weil sie sexuell offensichtlich sehr wählerisch sind und zum Einsiedlertum neigen, und zum anderen, weil sie sich hauptsächlich von einer bestimmten Bambusart ernähren, die nicht häufig vorkommt und daher oft nicht zu beschaffen ist.

Am bezauberndsten ist für mich das Bild, wie elegant, um nicht zu sagen formvollendet, ein erwachsenes Männchen dasitzt, still ein Büschel Bambusschößlinge in den Pfoten hält und gelegentlich ein paar davon in den Mund steckt wie ein Kind eine Stange Lakritz — oder wie ein Gourmet die erste Karotte einer neuen Ernte genießt.

Tiere und Fisch sind das ganze Jahr über »lieferbar«, Obst und Gemüse hingegen nur zu bestimmten Jahreszeiten; außerdem sind sie, einmal geerntet, im allgemeinen nur über eine bestimmte Zeit hinweg zu genießen. Sie müssen entweder frisch sein oder konserviert werden. Da sie von Natur aus verderblich sind, müssen sie täglich neu auf den Markt kommen. So ist jeder Marktplatz ein aufschlußreicher Spiegel dessen, was sich in der Landwirtschaft einer bestimmten Gesellschaft tut. Das gilt ganz besonders für das zeitgenössische China, wo sich auf den freien Märkten der großen und kleinen Städte Tag für Tag aufs neue ein üppiges Angebot findet, das erkennen läßt, wie nachhaltig es sich auswirkt, daß die Regierung von der kollektiven Landwirtschaft zu einer Mischung aus kollektiven und individuellen, auf Familienbasis beruhenden Betrieben übergegangen ist. Die einst Kommunen genannten Siedlungen heißen heute Gemeinden, und der semantische Unterschied sagt eine ganze Menge aus. Nicht nur hat sich die Produktivität enorm gesteigert — die Märkte reagieren auch überaus empfindlich darauf, was die Verbraucher mögen; Qualität und Vielfalt der landwirtschaftlichen Erzeugnisse und der Molkereiprodukte spiegeln das wider.

Jeden Besucher muß das Gefühl der Freude, ja fast der Fassungslosigkeit überwältigen, das die Bewohner des Landes angesichts der Tatsache erfüllt, daß sie von den strengen Auflagen der Ideologie befreit sind.

Jetzt ist es möglich, Tag für Tag auf dem Weg zur Arbeit die greifbaren Früchte der Mühen zu sehen, Zeichen der Verbindung des Menschen mit der fruchtbaren Natur. Es ist wie mit jeder Art von Freiheit: Ihr Verlust ist gravierender, als selbst die davon Beraubten zunächst glauben.

Und ihr Wiedergewinn ist wie ein längst überfälliger Frühling. Das kann man in China schmecken.

Wasserkastanien-Ernte auf einem Weiher in der Nähe von Yixing in der Nähe der Provinz Jiangsu. Das Boot dient gleichzeitig als Lagergefäß für die Wasserkastanien.

Eßkastanien werden in der chinesischen Küche vielseitig verwendet, und das Aroma gebratener Maroni erfüllt auch in China Straßen und Märkte. Dies hier jedoch sind rote Wasserkastanien, die nicht geröstet werden. Zwei davon sind echt, eine ist eine Nachbildung aus Klebreis aus dem Nanlin-Restaurant in Suzhou.

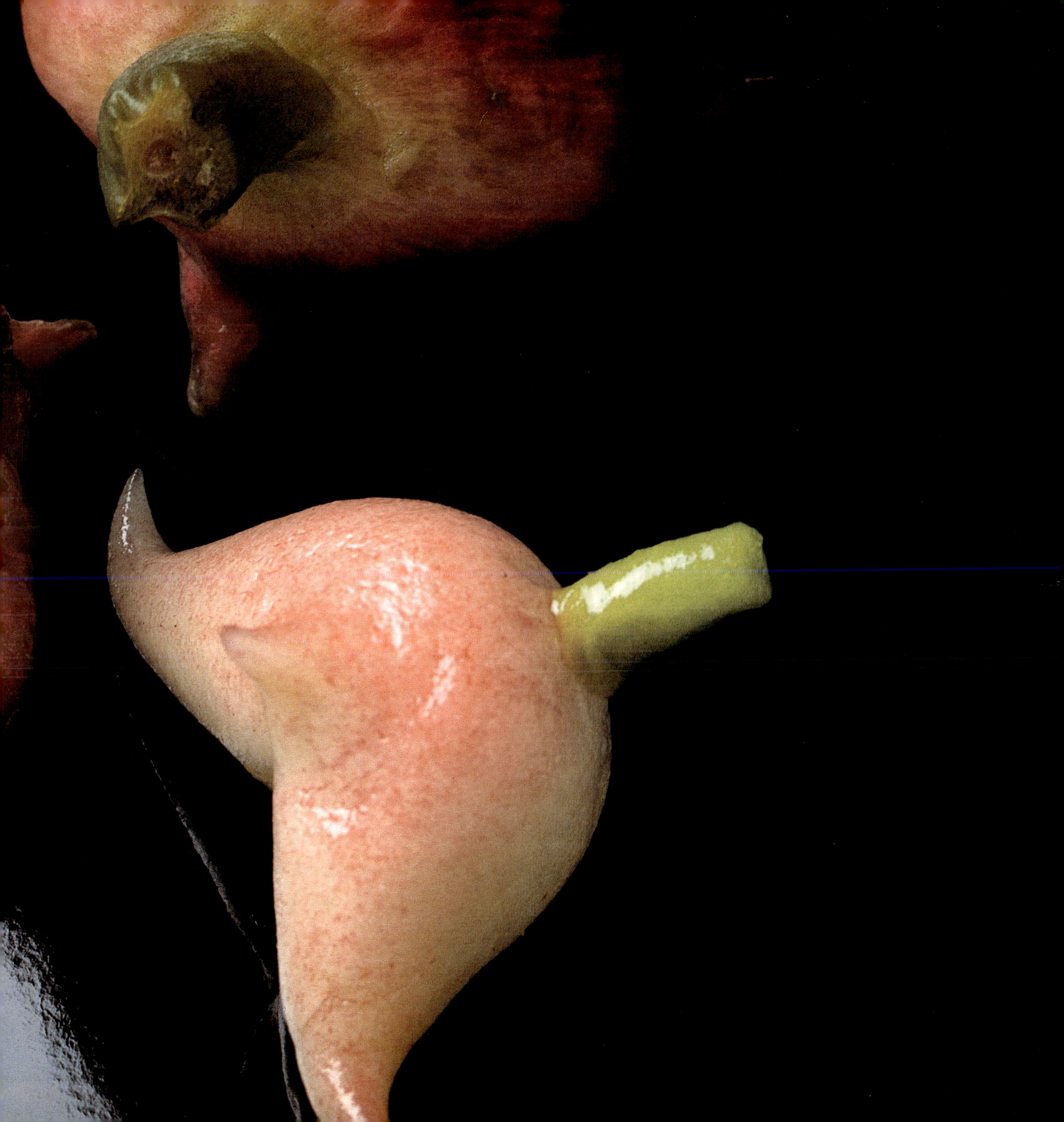

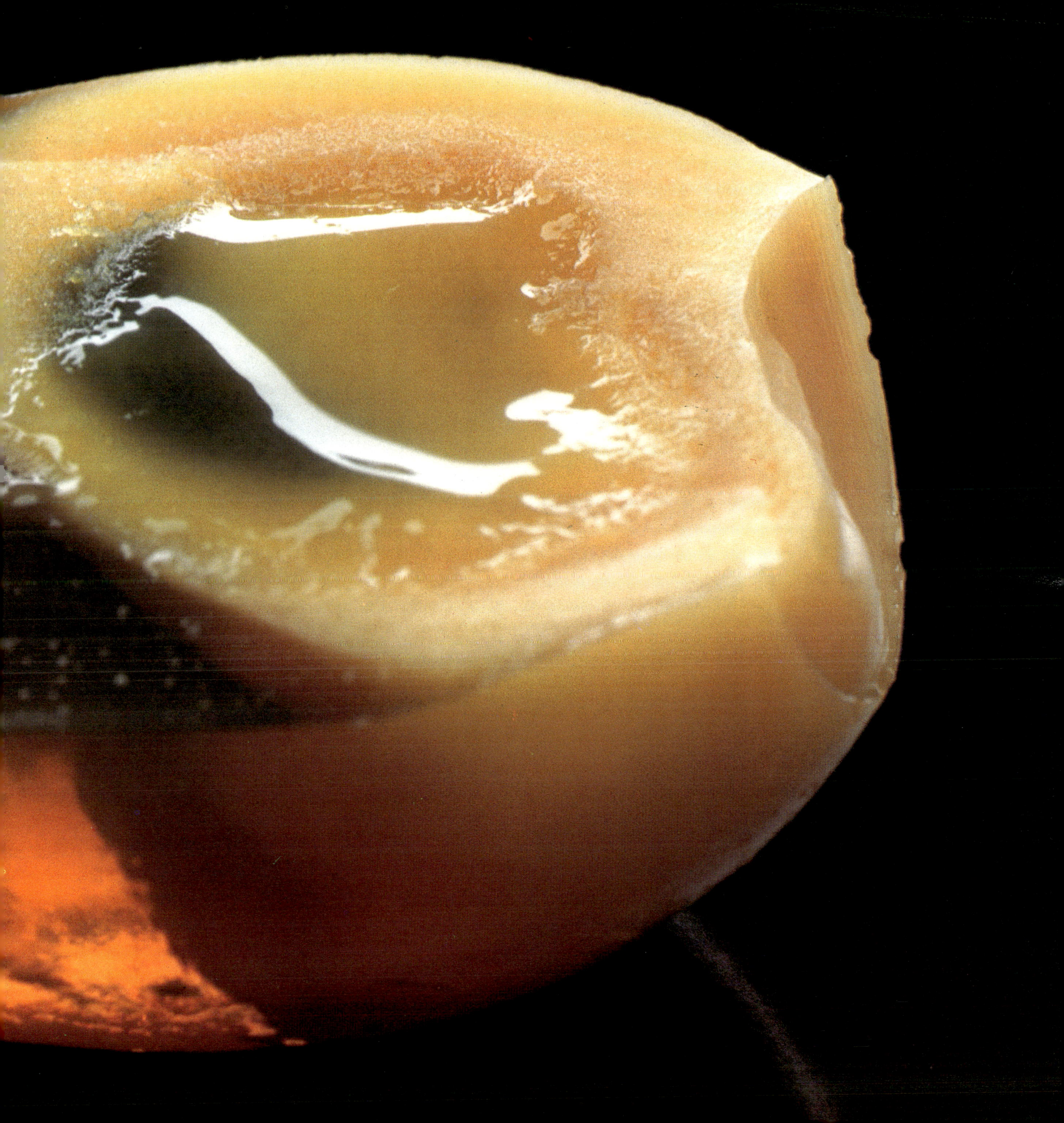

◁ Konservierte Hühnereier, auch als tausendjährige Eier bezeichnet, wie sie auf den Märkten und in Restaurants in ganz China angeboten werden.

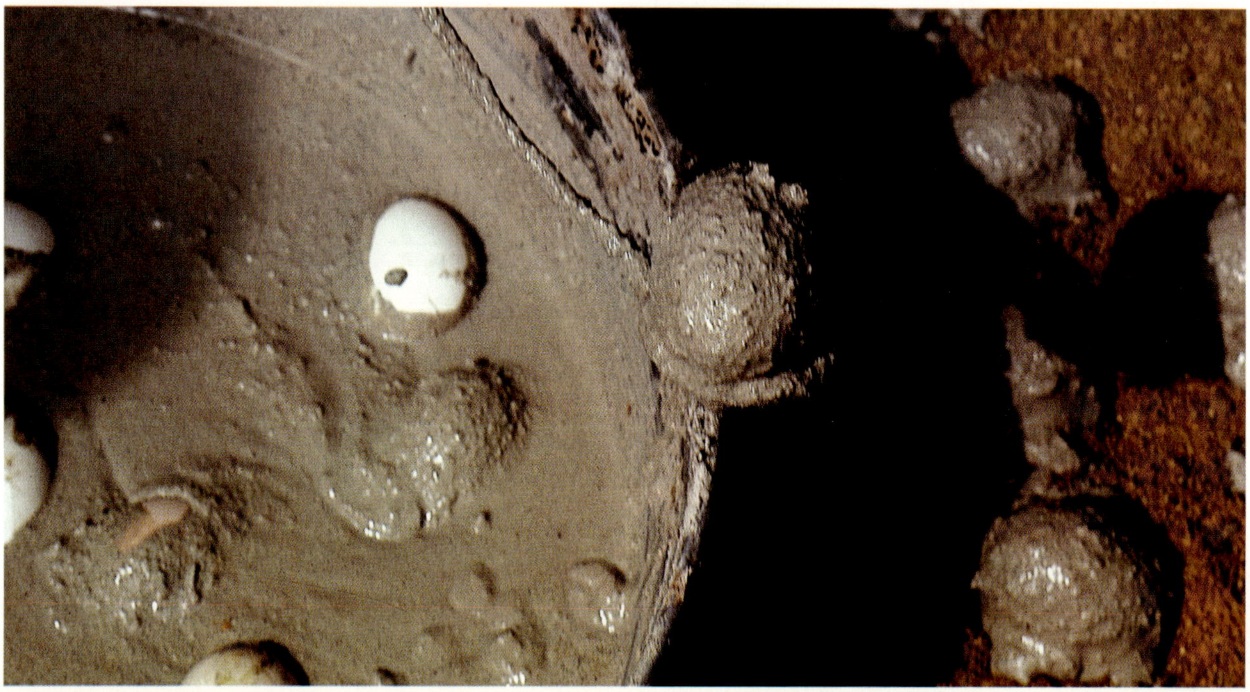

Frische Eier werden mit einem Brei aus Asche, Gewürzen, Kalk, Salz, Soda und Tee überzogen und dann in Tontöpfen aufbewahrt. Nach sechs Monaten sind sie immer noch genießbar.

Getrocknete Sonnenblumen auf einem Fahrrad auf dem Markt von Lanzhou. Die Kerne werden besonders gern im Kino geknabbert; Kinder essen sie auf der Straße.

Knoblauch, Knoblauch, Knoblauch. Hier eingelegt in sämiger Soja-Sauce aus Yunnan. Eine weitere Verwendungsart dieser allgegenwärtigen Feldfrucht, die als lebensverlängernd gilt.

◁ Tonwaren-Fabrik in Yixing. Die Krüge werden vornehmlich zur Konservierung von Lebensmitteln benutzt und lagern hier übereinander gestapelt in unvorstellbaren Mengen.

Chili-Paste aus Pixian. Bei Sonnenschein nimmt man die Strohdeckel von den Behältern, um die Paste schneller zu ihrer teuflischen Schärfe reifen zu lassen.

Konserviertes Gemüse, das auf dem Markt von Kunming angeboten wird. Einige Löffel davon verleihen dem zum Frühstück üblichen Reisbrei eine pikante Note.

Rote Chilischoten auf dem Markt von Chengdu und die auf chinesischen Märkten übliche Balkenwaage.

Pfefferschoten beim Trocknen unter der Sonne in der Provinz Yunnan.

Ein Laden in Lanzhou bekommt Paprikaschoten geliefert.

Ein spinatähnliches, preiswertes Blattgemüse, das in China in großen Mengen angebaut wird.

Eine Suppe mit Gemüse und Nudeln. Man gießt einfach Brühe darüber, vielleicht auch ein wenig Soja-Sauce oder ein wenig Ingwer, scharfes Chili-Öl oder … oder …

Frühlingszwiebeln auf einem Markt in Shanghai.

Qing cai, ein schnell wachsendes Gemüse, das überall erhältlich ist. Es wird gern konserviert, aber ebensogern frisch gekocht.

Qing cai wächst in 25 Tagen heran. Die Herzen sind die zartesten und begehrtesten Stücke.

Chinesisches »Rotkraut«,
ein Gemüse aus Sichuan.

Ingwer wird überall in China verwendet. Es heißt, er wärme den Körper.

Im oberen Korb Wasserlilienwurzeln, im unteren kleine Zwiebeln aus Sichuan.

Junge grüne Bohnen, nicht ganz billig und deswegen kein alltäglicher Luxus.

Lila Bohnen aus der Gegend von Wuxi.

Grüne Bohnen.

Geröstete Bohnen, eine beliebte Knabberei zu alkoholischen Getränken.

Wildreis-Stengel werden in dieser Form in vielen Gegenden Chinas verkauft. Sie werden erst geschält, wenn sie den Besitzer wechseln.

Zuckerrohr auf einem Feld in Sichuan.

Zuckerrohr, für den Transport gebündelt.

Brauner Rohzucker wird fabrikmäßig hergestellt und kommt in vielen Formen auf den Markt.

Kastanien werden oft zusammen mit Geflügel serviert, aber auch für sich allein als Appetithappen. Diese hier wurden von einem Bauern bei Beijing in mit Sternanis gewürztem Wasser gekocht.

Chinesische Walnüsse werden in vielen Ländern hoch geschätzt. In der Nähe des Versteinerten Waldes von Kunming bietet ein staatliches Teehaus seinen Gästen Walnüsse zum Tee an. Der Gast bekommt eine Handvoll Nüsse und einen Holzhammer, mit dem er die Nuß knackt, die in der Aushöhlung eines dafür gemachten Holzbretts liegt. Überwältigend einfach, nicht ganz lautlos.

Die Provinz Yunnan ist für ihren Reichtum an Pilzen berühmt.

Da Schweinefleisch in China so häufig auf dem Speisezettel erscheint, versucht man, den Gerichten mit unterschiedlichen Gewürzen verschiedene Geschmacksrichtungen zu geben. Diese Auswahl stammt von einem Marktstand in Lanzhou.

Ein Stilleben getrockneter chinesischer Pilze. Sie sind für chinesische Verhältnisse teuer, werden daher größtenteils exportiert. Das schwammähnliche Exemplar am oberen Bildrand ist eine beliebte Einlage für eine klare, gesüßte Suppe.

Verschiedene Arten von
Kürbissen und Melonen aus
Guangzhou.

Wintermelone — ihr wird eine kühlende Wirkung auf den Körper nachgesagt.

Bambushain in der Nähe von Yixing. Bambussprossen werden gegessen. Die Stämme finden vielfältige Verwendung, insbesondere auch beim Gerüstbau. Kleinere Bambusstangen werden überall als Tragestangen über die Schulter gelegt. Sie sind kräftig und biegsam zugleich.

Winterliche Bambus-Sprößlinge.

So sehen Bambus-Sprößlinge aus, wenn man sie der Länge nach aufschlitzt.

Bambus-Sprößling in Chengdu.

Getrocknete Bambus-Sprößlinge aus Lanzhou. Sie werden vorm Kochen in Wasser eingeweicht.

Auf einer Schnur aufgereihter getrockneter Yak-Käse in Lhasa. Die Tibeter schätzen diesen steinharten Käse als Imbiß; manchmal wird er auch zusammen mit geröstetem Gerstenmehl in Tee oder Wasser eingerührt und ungekocht genossen.

Yak-Butter, in Schaf- und Rindermägen eingenäht, liegt zum Verkauf in Lhasa bereit. Sie ist gewöhnlich ein bis drei Jahre alt und schmeckt um so pikanter, je älter sie ist. Mit vier Mark und mehr pro Pfund ist sie sehr teuer — sie wird in der dünnen, trockenen Luft Tibets gern zum Einreiben der Haut benützt.

Frische Lotoswurzel-Scheiben (aufrecht) und Lotoswurzel-Scheiben in getrocknetem Zustand (liegend). Lotos wird — mit Ausnahme sehr trockener Gebiete wie Tibet und der Mongolei — überall in China angebaut.

Eine Tischdekoration: die Lotosblüte, hergestellt aus Erbsen, Eiweiß, Gurkenschale und Wurstscheiben. Eine Schöpfung des Küchenchefs vom Hubin-Hotel in Wuxi.

Jeder Teil der Lotospflanze, auch die Wurzel, findet Verwendung. Lotos gilt als heilige Pflanze, als leuchtendes Vorbild; denn sie kommt aus dem Schlamm, erhebt sich aber über ihn und wird durch ihn nicht beschmutzt. Außerdem ist Lotos der Inbegriff sommerlicher Fruchtbarkeit.

Mushu

150 g Weißkohlblätter, in feine Streifen geschnitten
50 g Karotten, in ½ × 5-cm-Streifen geschnitten
50 g Bambussprossen, in feine Streifen geschnitten
2 EL getrocknete Wolkenohr-Pilze (chinesische Morcheln), eingeweicht und, falls nötig, in kleinere Stücke gerissen
8 getrocknete Tongu-Pilze (chinesische Champignons), eingeweicht, den Stengel entfernt, und in 3-mm-Streifen geschnitten
48 getrocknete Lilienknospen, in heißem Wasser eingeweicht und halbiert, die harten Stengel entfernt
8 Scheiben getrockneter *Tofu*, in heißem Wasser eingeweicht und in 3-mm-Scheiben geschnitten
2 Frühlingszwiebeln, geputzt, abgetrocknet, in 4 cm lange Streifen geschnitten
¾ TL Salz
3 EL Erdnußöl
1 TL frischer Ingwer, feingehackt
1 TL Knoblauch, feingehackt

Sauce:
1 TL Zucker
2 TL dunkle Soja-Sauce
1 EL Shao-Hsing-Reiswein oder Sherry
1 EL Hoisin-Sauce
1 Prise weißer Pfeffer
2 TL Maisstärke
3 EL Wasser
1 TL Sesamöl

■ Wok etwa 1 Minute über großer Flamme erhitzen, Erdnußöl hineingießen und mit einem Spatel gleichmäßig verteilen. Ingwer, Salz und Knoblauch dazugeben und bräunen lassen. Dann die Weißkohlstreifen hineingeben, kurz umrühren. Mit Karotten, Bambussprossen, Tongu-Pilzen, Lilienknospen, Wolkenohr-Pilzen und *Tofu* ebenso verfahren. Zum Schluß die Frühlingszwiebeln unterrühren.

■ In die Mitte der Gemüsemischung eine Vertiefung machen, die Sauce umrühren und hineingießen. Die Gemüse mit der Sauce zügig vermischen. Wenn die Sauce andickt und glasig wird, den Wok vom Feuer nehmen.
Die pfannengerührten Gemüse mit chinesischen Pfannkuchen servieren.

Ergibt 10 Portionen.

Anmerkung: Wenn man Gemüse pfannenrührt, sollte immer eine Schüssel mit kaltem Wasser zur Hand sein. Werden die Gemüse beim Braten zu trocken, besprengt man sie kurz mit Wasser — der entstehende Dampf beschleunigt den Garvorgang.

Grüne Bohnen in würziger Sauce

350 g frische grüne Bohnen
$^3/_4$ l Erdnußöl
2 TL frischer Ingwer, feingehackt
2 TL Knoblauch, feingehackt
2 kleine frische Chilischoten, feingehackt

Sauce:
1 TL dunkle Soja-Sauce
$^1/_2$ TL Zucker
$^1/_2$ TL Sesamöl
$^1/_2$ TL heller Essig
$^1/_2$ TL Shao-Hsing-Reiswein oder Sherry
1 TL Maisstärke
3 EL Wasser
1 Prise weißer Pfeffer

■ Bohnen vorbereiten: beide Enden abschneiden, eventuelle Fäden entfernen, die Bohnen waschen und gründlich abtrocknen.

■ Wok auf großer Flamme etwa 40 Sekunden lang erhitzen, dann das Erdnußöl hineingeben. Wenn es zu rauchen beginnt, die gut abgetrockneten Bohnen mit einem Drahtsieb in das Öl geben und 2 Minuten, oder bis sie gar sind, fritieren. Herausnehmen und über einer Schüssel abtropfen lassen.

■ Das Öl bis auf $1^1/_2$ EL aus dem Wok abgießen. Wok auf großer Flamme wieder erhitzen. Ingwer, Knoblauch und Chilischoten hineingeben, 45 Sekunden bis 1 Minute pfannenrühren. Die fritierten Bohnen dazugeben, nochmals 1 Minute pfannenrühren.

■ Die Bohnenmischung an den Wokrand schieben, die Sauce noch einmal gut umrühren und in die entstandene Vertiefung gießen. Alle Zutaten gut mischen. Wenn die Sauce andickt, vom Feuer nehmen, in eine Servierschüssel umfüllen und auftragen.

Ergibt 4—6 Portionen.

Pfannengerührtes frisches Gemüse

6 Wasserkastanien, abgespült und in Julienne-Streifen geschnitten
50 g Bambussprossen, in Julienne-Streifen geschnitten
150 g Mange-tout (Schnee- oder Zuckererbsen), geputzt und diagonal in Julienne-Streifen geschnitten
2 kleinere rote Paprikaschoten, entkernt und in 5 cm lange Julienne-Streifen geschnitten
2 kleinere grüne Paprikaschoten, ebenso vorbereitet
2½ EL Erdnußöl
1 Scheibe frischer Ingwer
Salz nach Geschmack

■ Wok über großer Hitze etwa 40 Sekunden erhitzen, dann Erdnußöl hineingeben und mit einem Spatel gut verteilen. Ingwer und Salz in das Öl geben.

■ Wenn das Öl zu rauchen beginnt, die Wasserkastanien zugeben und 30 Sekunden pfannenrühren. Bambussprossen zugeben und ebenfalls 30 Sekunden pfannenrühren.
Mit den Mange-tout ebenso verfahren.

■ Die roten und grünen Paprikaschoten untermischen und alle Gemüse 1—2 Minuten zusammen pfannenrühren.
Die Gemüse auf eine vorgewärmte Servierplatte geben und sofort auftragen.

Ergibt 4—6 Portionen.

Anmerkung: Während der Zubereitung sollte eine Schüssel mit kaltem Wasser zur Hand sein. Wenn die Gemüse während des Bratens zu trocken werden sollten, einige Spritzer Wasser darüber geben — der entstehende Dampf gart die Gemüse schonend.

Suppe mit Schweinefleisch und eingelegtem Sichuan-Gemüse

1 l Hühnerbrühe
100 g mageres Schweinefleisch, in feine Streifen geschnitten
60 g eingelegtes Sichuan-(Szechuan-)Gemüse, in Streifen geschnitten
60 g Bambussprossen, in Streifen geschnitten
12 Tongu-Pilze (chinesische Champignons), eingeweicht, die Stengel entfernt, in Julienne-Streifen geschnitten
1 TL Shao-Hsing-Reiswein
1 Prise gemahlener Pfeffer
½ TL Salz
1 Frühlingszwiebel (nur der weiße Teil), in feine Streifen geschnitten

■ Hühnerbrühe in einem Suppentopf zum Kochen bringen, Schweinefleisch, Sichuan-Gemüse, Pilze und Bambussprossen hineingeben, umrühren und wieder aufkochen lassen. Reiswein, Pfeffer und Salz in die Brühe einrühren und nochmals kurz aufkochen (2—3 Minuten).
In Suppenschälchen füllen, mit der Frühlingszwiebel garnieren und auftischen.

Ergibt 4—6 Portionen.

Feuer

Jeder weiß, daß die Chinesen die Zutaten fürs Essen hauptsächlich deswegen in kleine Stücke schneiden, um Brennstoff zu sparen; die Zeit, die Menschen zur Verfügung haben, ist weniger knapp und kostbar als Holz, Kohle, Öl oder Gas. Die Brennstoffmenge, die man brauchte, um etwas zu kochen, galt früher als Zeitangabe für die Kochzeit — so stand etwa in einem Kochbuch, etwas müsse »ein Holzbündel lang« kochen. Sobald das Holz verbrannt ist, ist das Gericht fertig. Aber selbstverständlich wird Essen auf alle möglichen Weisen zubereitet, und bisweilen verwendet man für ein einziges Gericht gleich mehrere Methoden. So wird etwas zuerst vielleicht gedünstet und dann fritiert, oder erst gekocht, dann gegart und hinterher in extrem heißem Öl noch kurz gesotten. Aromen können in unterschiedlichen Stadien der Zubereitung eines Gerichts miteinander kombiniert werden; es entsteht praktisch etwas Neues aus den verschiedenen Bestandteilen, und es ergeben sich neue Eigenschaften. Verschiedene Arten der Hitze in verschiedenen Stadien der Zubereitung ergeben eine ganze Enzyklopädie von Geschmacksrichtungen, so daß derjenige, der das Gericht verzehrt, sich verblüfft fragt: »Wie *macht* der Koch das bloß?« Einfach dadurch, daß er die unterschiedlichen Arten von Hitze ebenso beherrscht wie die Vielfalt von Geschmack, Konsistenz, Form und Farbe.

Manche Kochmethoden sind ziemlich »showy«, machen etwas her, so etwa die Verwendung des mongolischen Feuertopfes, der in der Mitte eines Tisches aufgestellt wird und in dessen Brühe der Speisende eine Scheibe von diesem oder jenem hält, das dergestalt Gegarte dann in eine Sauce tunkt und in den Mund steckt — ein Verfahren, das manche ebenso langweilig finden wie das, was dabei herauskommt. Dann ist da der wirklich fabelhafte *wok,* der überstark erhitzt wird — »große Hitze«, heißt er — samt dem dazugehörigen blitzschnellen, an Taschenspielerei gemahnenden Hin- und Herbewegen, wobei es gelegent-

lich hell aufflammt, wenn ein Spritzer Öl zufällig ins Feuer gerät, und samt dem gewaltigen Zischen und Aufbrutzeln, der vergleichsweise kraftintensiven Arbeitsweise und dem Nachteil, daß bei solcher Schnelligkeit und Hitze wirklich nichts schiefgehen darf. Ferner ist da die stille Kraft der Glutpfanne, über der das in Streifen geschnittene mongolische Lamm zubereitet wird; und der Lehmofen mit einer Tülle darin, durch welche Huhn oder Gemüse mit Dampf bestrichen werden, die daraufhin anfangen zu trocknen — und die am Schluß eine herrliche Suppe ergeben. Oder die Kessel voll trüb-brodelndem heißen Öl, in denen die Straßenverkäufer ihre Waren fritieren, und die kleinen Wolkenkratzer aus dampfenden Bambuskörben mit ihren Semmeln oder Brötchen oder Klößen oder Fischröllchen, die über dem heißen Dampf gedrcht werden, der für diese Art Küche so besonders wichtig ist. Auch lassen Speisen sich gleichsam »kochen«, indem man sie konserviert; in Salz oder mit Hilfe von Pfeffer oder durch Gärung oder dadurch, daß man ihnen Alkohol zusetzt oder daß man sie in unzähligen Arten von Steingutgefäßen luftdicht versiegelt. Auf diese Weise kann Marmelade oder Chutney entstehen oder Gelee oder süßsauer Eingelegtes oder eine Sauce; oder etwas wird in der Sonne getrocknet wie Nudeln. Oder, wie im Falle der fälschlich so genannten »tausendjährigen« Eier, mit einer Mischung aus Kalk und Asche überzogen und ein paar Wochen eingegraben. Oder, wie beim »Bettler-Huhn«, mit Lehm umschlossen und neben glühenden Steinen gebacken, die in ein Erdloch gelegt werden — eine Technik, die der Legende zufolge von einem Dieb entwickelt wurde, der seine Beute verbergen und sie kochen mußte, ohne daß äußere Spuren, Rauch oder Betriebsamkeit ihn verrieten. Ein köstlich schmeckender Luxus, entwickelt aus wirtschaftlicher wie gesellschaftlicher Notwendigkeit heraus. Nicht anders machen seine Landsleute es heute noch bei der Zubereitung chinesischen Essens.

Baozi in aufeinandergetürmten Bambus-Dämpfkörben in Lanzhou.

◁ Der ewige Kessel — kochendes Wasser für den Tee Chinas.

Auf diese Weise wird in Kunming Reis im Dampf gegart.

In diesem speziellen Dampftopf aus Yixing werden die Zutaten durch den Dampf, der durch den kleinen Kamin in der Mitte in den Topf bläst, schonend gegart. Der Kochvorgang dauert mindestens vier Stunden, manchmal eine Nacht lang. Der Dampf kondensiert am Deckel und an den Wänden und sammelt sich als Suppe.

Auf dem nächtlichen Markt
von Kunming kocht Sup-
pe in einem Wok.

Peking-Enten braten im
traditionellen Spezialofen.

Im Pekinger Kaorouji-Restaurant braten Hammelfleischscheiben auf einer eisernen Herdplatte. In diesem moslemischen Restaurant wird kein Schweinefleisch zubereitet.

Von tibetischen Mönchen in Lhasa über offenem Feuer gekochte Reissuppe.

Süßkartoffeln backen in einer Metallschüssel über Holzkohlenfeuer.

Süßkartoffeln — heiße Kartoffeln.

Nudelsuppe auf einem nächtlichen Markt.

Der mongolische Feuertopf, den es nur im Winter gibt und der in Peking sehr beliebt ist. Man tunkt Fleischstückchen, Gemüse, Tintenfisch — was auch immer — in die kochende Brühe und anschließend in eine von mehreren würzigen Saucen. Es ist ein beliebtes Gericht bei Familienzusammenkünften, bei denen man sich angeregt zu unterhalten pflegt.

In der Küche der Ortschaft und Kommune »Immergrün« in der Nähe von Peking backen Weizenbrote rings um ein Holzkohlenfeuer.

Gedämpfter Fisch

1 frischer Fisch mit festem Fleisch (zum Beispiel Seebarsch, Goldbrasse, Scholle oder Seezunge), etwa 1—1½ kg schwer

Marinade:
2 TL Salz
2 EL Erdnußöl
1½ TL Sesamöl
2 EL helle Soja-Sauce
1 EL Weißwein
4 große Scheiben frischer Ingwer, in feine Streifen geschnitten
½ TL Zucker

3 Frühlingszwiebeln, geputzt und in feine Würfelchen geschnitten

■ Den Fisch (falls nötig) schuppen und ausnehmen, gut abwaschen und abtrocknen. In eine feuerfeste Form geben, innen und außen mit der Marinade einreiben und 2 Stunden bei Zimmertemperatur einziehen lassen. (Große Fische kann man zur Not auch halbiert in die Form geben — die Chinesen ziehen es aus ästhetischen Gründen jedoch vor, den Fisch ganz zu lassen.)

■ Einen Wok etwa 5 cm hoch mit Wasser füllen, zwei Paar Eßstäbchen kreuzweise, beziehungsweise ein spezielles Dämpfgitter aus Bambus darüber legen. Das Wasser sollte die Stäbchen oder das Gitter nicht benetzen.

■ Wasser im Wok zum Kochen bringen und die Form mit dem Fisch auf die Stäbchen oder das Dämpfgitter stellen. Den Wok zudecken und den Fisch ½—¾ Stunde dämpfen. Er ist gar, wenn ein Eßstäbchen ohne Widerstand in das Fleisch eindringt.

■ Fisch in der Form aus dem Wok nehmen und 2 EL aufgekochtes Erdnußöl darüber gießen. (Das Öl kann im voraus zubereitet werden, indem man es in einem kleinen Topf erhitzt, bis es raucht. Es muß nicht heiß sein, wenn es über den Fisch gegossen wird.)

■ Die feingeschnittenen Frühlingszwiebeln über den Fisch streuen, sofort servieren.

Ergibt 6 Portionen.

Won Tons (Teigtäschchen)

Won Tons lassen sich auf unzählige Arten zubereiten: Man kann sie kochen, als Suppeneinlage verwenden, in der Pfanne braten, in Öl ausbacken oder dämpfen und als Vorspeise, als ersten Gang oder als Zutat in einem raffinierten Gericht servieren. Übriggebliebene Won Tons können problemlos eingeforen und später verwendet werden.

500 g tiefgefrorene, fertige Won-Ton-Teighüllen (in Asien-Läden erhältlich)

Füllung:
500 g frisches Schweinehack
250 g rohe Shrimps, geschält, gesäubert (Darm entfernt) und feingehackt
12 Frühlingszwiebeln, geputzt und feingehackt
2 Knoblauchzehen, feingehackt
6 Wasserkastanien, abgespült und feingehackt
1 EL Weißwein, mit 1½ TL Ingwersaft vermischt
1½ TL Salz
1½ TL Zucker
1½ TL helle Soja-Sauce
1½ TL Sesamöl
1½ TL Austern-Sauce
1 Prise weißer Pfeffer
3—4 EL Maisstärke
1—2 Eier

■ Die Zutaten für die Füllung in eine große Schüssel geben und, immer in eine Richtung rührend, vermengen. Die Eier zum Schluß unterrühren.

■ Die aufgetauten Won-Ton-Hüllen 20 Minuten vor ihrer Verwendung aus ihrer Verpackung nehmen und mit einem feuchten Küchenhandtuch bedecken.

■ 1 EL der Füllung in die Mitte der nicht bemehlten Seite der viereckigen Won-Ton-Hülle geben, die Ränder der Hülle mit Wasser oder geschlagenem Ei befeuchten und die Hülle zu einem Dreieck zusammenfalten, die Ränder und die Füllung gut zusammendrücken.

■ Die gegenüberliegenden spitzen Ecken des Dreiecks ebenfalls befeuchten, über der Füllung zusammenfalten und fest aneinander drücken, so daß eine wie ein Hörnchen gebogene Teigtasche entsteht.

■ Die fertigen Won Tons auf einer bemehlten Arbeitsplatte bereitstellen.

■ Etwa 3 l Wasser mit 2 EL Salz und 1 EL Erdnußöl zum Kochen bringen, die Won Tons 5—7 Minuten, oder bis die Füllung durch die Hülle sichtbar wird, kochen.

■ Topf vom Feuer nehmen, reichlich kaltes Wasser zulaufen lassen, abgießen. Won Tons noch einmal unter fließendem kaltem Wasser abschrecken. Auf Wachspapier legen und trocknen lassen.

Die Won Tons können so, wie sie sind, mit einer Sauce gegessen werden, oder
– in der Pfanne gebraten: 3 EL Erdnußöl in einer flachen Pfanne erhitzen, bis es leicht raucht. Die Won Tons hineingeben und auf beiden Seiten braun braten.
– in heißem Öl ausgebacken: 1 l Erdnußöl im Wok erhitzen, bis es leicht raucht, 1 Scheibe Ingwer und 1 Knoblauchzehe sowie die Won Tons hineingeben und goldbraun ausbacken.
– als Suppeneinlage: 1 l Hühnerbrühe aufkochen und 3 Won Tons pro Person darin heiß werden lassen. Noch einmal aufkochen lassen, 100 g grünes, in Streifen geschnittenes Blattgemüse (wie Spinat, Chinakohl oder Römischer Salat) zugeben, weich werden lassen und servieren.

Ergibt 40—50 Won Tons.

Anmerkung: Vor dem Einfrieren sollte man die Won Tons gründlich trocknen lassen und sie einzeln erst in Frischhalte- und dann in Alufolie einwickeln.

Das Bettlerhuhn: Der Legende nach stahl ein Mann ein Huhn, hüllte es, um es unauffällig zu braten, in Lehm ein und schob es in ein Erdloch, das er vorher mit glühender Kohle gefüllt hatte.

Das Bettlerhuhn ist eine Spezialität aus Suzhou. Es wird mit Schweinefleisch, Gemüsen und Gewürzen gefüllt und in seiner Lehmhülle langsam gegart.
Vor dem Servieren wird die Hülle mit einem Hammer zerschlagen.